GOLDMANN

Buch

»Die Privatdetektivin Bella Block kommt zu spät. Die junge Frau, mit deren Schutz sie beauftragt war, liegt tot im Schuppen eines Schrebergartens. Ein Mord der üblen Sorte. Die Tote hat auf dem Autostrich gearbeitet. ›Sie wollte aussteigen und durfte nicht.‹ Auf der Suche nach dem von Zuhältern bezahlten Killern streift die ehemalige Kriminalkommissarin durch das von Bratfett und Abgasen verpestete Industriegebiet in Hamburg hinter dem Berliner Tor.«
Der Spiegel

»Mit *Der Krieg, der Tod, die Pest* liegt jetzt das vierte Buch der Senkrechtstarterin der bundesdeutschen Krimiszene vor. Wieder gelingt es der Autorin, von der ersten bis zur letzten Seite Spannung zu halten, wieder ist der Schluß ganz anders als erwartet.« *taz*

Autorin

Doris Gercke, geboren 1937 in Greifswald, war Verwaltungsbeamtin, Hausfrau, Mutter, Büroangestellte, machte dann Begabtenabitur und studierte Jura. Heute lebt sie als freie Autorin bei Hamburg.

Von Doris Gercke außerdem bei Goldmann

Weinschröter, du mußt hängen (9971)
Nachsaison (9972)
Moskau, meine Liebe (9973)

Doris Gercke

Der Krieg, der Tod, die Pest.

Roman

GOLDMANN VERLAG

Umwelthinweis:
Alle bedruckten Materialien dieses Taschenbuches sind chlorfrei und umweltschonend.

Der Goldmann Verlag
ist ein Unternehmen der Verlagsgruppe Bertelsmann

Made in Germany · 1. Auflage · 6/93
Genehmigte Taschenbuchausgabe

Umschlaggestaltung: Design Team München
Umschlagfoto: Theo-d'or Barth, Bielefeld
Druck: Elsnerdruck, Berlin
Verlagsnummer: 9974
Lektorat: Ge
Herstellung: Sebastian Strohmaier
ISBN 3-442-09974-9

Alle Namen, Personen und Ereignisse sind frei erfunden.
Ähnlichkeiten mit der Wirklichkeit sind zufällig und unvermeidbar.

Die Luft ist so warm, daß du denkst, du schwimmst in Scheiße.

Halts Maul, Mann.

Hab ich ja gleich gesagt, daß wir den Blödmann zu Hause lassen sollen.

Die drei Männer blieben einen Augenblick stehen. Der letzte, ein Junge im Jogginganzug, stellte einen Kanister auf den Sandboden.

Aufmerksam beobachteten sie den Weg hinter sich. Ihre Augen hatten sich schon an die Dunkelheit gewöhnt. Unten an der Straße erkannten sie ihren Wagen. Der Weg vor ihnen führte über einen Hügel. Es war still.

Dahinter sind die Viecher. Ruhe jetzt.

Der letzte nahm den Kanister wieder auf. Langsam, vorsichtig, um nicht auf einen trockenen Zweig zu treten oder Steine in Bewegung zu setzen, gingen die Männer weiter. Sie erreichten die Hügelkuppe und sahen sich um. Von hier oben hatten sie einen guten Überblick über das Gelände. Links unten lagen flache, langgestreckte Gebäude. Die leeren, schwarzen Flächen davor waren eingezäunt. Hinter dem ersten Zaun sahen sie undeutlich einen großen hellen Fleck am Boden.

Riesiger Köter, flüsterte der mit dem Kanister.

Er fing einen Tritt gegen die Wade. Vor ihnen senkte sich der Weg, führte durch eine Fahrradsperre und verschwand hinter einer Hecke. Unten war eine breite Straße zu erkennen, und auf der gegenüberliegenden Straßenseite begann das Schrebergartengelände. Deutlich zeichneten sich die Konturen von Büschen, Hecken und verschiedenen Laubendächern ab. Dort brannte kein Licht mehr. Rechter Hand senkte sich der Hügel. Er bildete mit einem zweiten Hügel ein kleines Tal. Hinter dem zweiten Hügel ragte ein Sprungturm hervor. Dort mußte die Badeanstalt liegen. Das Wasserbecken konnten die Männer nicht sehen.

Auf der breiten Straße tauchten abgeblendete Scheinwerfer auf, ziemlich weit weg, aber deutlich zu erkennen, weil die Stadtverwaltung in dieser Gegend an Licht sparte.

Die drei Männer bemerkten die Scheinwerfer fast gleichzeitig. Sie sahen sie langsam näher kommen.

Bullen, runter.

Ohne besondere Eile gingen die Männer ein paar Schritte an der Schwimmbadseite den Hügel hinunter und legten sich flach auf den Boden. Der Kanister trudelte den Hügel hinab.

Liegen lassen.

Der Polizeiwagen kam die Straße herauf, ein langsames, ruhiges Späherfahrzeug. Die Späher sahen gelangweilt durch die Wagenfenster.

Nichts los heute – kein Stoßgeschäft, was?

Der ältere Polizist am Steuer, eingeschlagene Nase und ziemlich fett – das helle Hemd unter den Armen und am Rücken durchgeschwitzt –, sah gleichgültig auf ein paar Wohnwagen-Anhänger am Straßenrand. Sein Kollege bewegte die Schultern ein paar Zentimeter nach oben, was, wenn es eine Antwort sein sollte, auf jeden Fall eine unbestimmte Antwort war. Er kurbelte das Wagenfenster auf seiner Seite so weit wie möglich herunter und ließ einen kurzen, dicken Arm hinausbaumeln. Die beiden arbeiteten seit Jahren zusammen. Sie hatten sich aneinander gewöhnt, so wie sie sich zu Hause an ihre Ehefrauen gewöhnt hatten. Auch die Kollegen betrachteten sie als Paar. Sie galten als langsam, waren aber in Wirklichkeit ein bißchen schneller, als man ihren fetten Körpern zugetraut hätte. Sie waren dumm und brutal und deshalb gefährlich, weshalb sie von den Kollegen die Bullen genannt wurden. Der Streifenwagen wendete langsam am Ende der Straße.

Nicht mal die Köter kläffen.

Bei der Hitze. Halt mal.

Der Wagen hielt sofort. Er stand neben der Fahrradsperre, hinter der der schmale Weg den Hügel hinaufführte. Beide sahen eine Weile auf den Weg und auf die dunklen Umrisse des Hügels.

Ich dachte nur – als ob sich da was bewegt hätte.

Kaninchen, vermutlich.

Der Wagen fuhr langsam weiter. Noch immer saßen die beiden Polizisten gelangweilt da. Nur wer sie genau beobachtet hätte, hätte an ihren fetten Körpern winzige Veränderungen wahrgenommen, eine ganz leichte Anspannung der Muskeln unter dem Fett vielleicht, und daß die Schweißflekken unter den Achseln sich ein wenig schneller vergrößerten.

Aussteigen?

Karnickeljagd im Dunklen und bei dreißig Grad, bist du verrückt?

Der Fahrer seufzte erleichtert. Er hatte gefragt, weil sie alles, was sie taten, vorher miteinander abstimmten. Manchmal verpaßten sie deshalb den winzigen Vorteilsmoment, der im Polizistenleben so unerhört wichtig ist. In Wirklichkeit hatte er natürlich nicht die geringste Lust verspürt, den Wagen zu verlassen, jedenfalls nicht hier und nicht jetzt.

Ich muß was trinken.

Der Schuppen da vorn. Hast du die Neue gesehen? Ob die's auch macht?

Die machen es alle, für uns machen sie's alle, das weißt du doch.

Wieder seufzte der Fahrer, diesmal eher sehnsüchtig. Er fuhr schneller; ein ganz klein wenig schneller. Nicht, weil er wirklich schneller fahren wollte, sondern nur, weil eine bestimmte geile Empfindung seine Körperhaltung, ähnlich wie vorher die Anspannung, ein bißchen verändert hatte und dabei ganz automatisch der rechte Fuß etwas stärker auf das Gaspedal getreten war. In Wirklichkeit hatten sie keine Eile. Es war zwei Uhr. Die ganze Nacht lag noch vor ihnen.

Die Männer auf dem Hügel waren liegengeblieben, ohne sich zu bewegen. Niemand hob den Kopf. Der, der den Kanister getragen hatte, deshalb nicht, weil ihm einer der anderen das Gesicht ins Gras drückte, die beiden anderen, weil sie es nicht der Mühe wert fanden. Der Wagen würde weiterfahren. Auch sie hatten Zeit.

Eng auf den Boden gepreßt hörten sie den Streifenwagen langsam herankommen, vorbeifahren und am Ende der Straße wenden.

Während er wieder näher kam, hoppelte, ohne daß sie es merkten, auf der Kuppe des Hügels ein Kaninchen vorbei. Sie wußten nicht, weshalb der Wagen auf dem Rückweg direkt unter ihnen anhielt, und der Nervöse wäre aufgesprungen und weggelaufen, wenn ihn die beiden anderen nicht daran gehindert hätten. Sie lagen da, atmeten hastig und geräuschlos und spürten bei jedem Atemzug das Gras und irgendwelche Käfer oder Ameisen, die ihnen über die feuchte Bauchhaut krochen. Ihre Baumwollhemden waren zu kurz, um bei der Schräglage im Hosenbund stecken zu bleiben. Das war unangenehm, und es schien ihnen eine Ewigkeit zu dauern, bis der Wagen wieder anfuhr und sich langsam entfernte. Trotzdem blieben sie, als der Streifenwagen schon nicht mehr zu hören war, noch eine Weile liegen. Dann ließen sie den Kopf des Jungen los und standen auf. Der Junge sprang erleichtert den Hügel hinunter, um den Kanister zu holen, während die beiden anderen versuchten, Grashalme, Steinchen und Käfer von ihren Bäuchen zu klopfen, ohne daß irgend etwas davon in den Hosenbund rutschte. Die beiden Männer waren mager, trugen enge schwarze Hosen und an den Füßen klobige Stiefel. Als der Junge mit dem Kanister zurückgekehrt war, gingen sie wortlos das letzte Stück den Hügel hinauf. Oben blieben sie einen Augenblick stehen. Deutlich sahen sie eine große, schwarz-weiß gefleckte Dogge langsam am Zaun entlangtrotten. Wenn die anfinge zu kläffen, würde das Tierheim Kopf stehen. Deshalb liefen sie möglichst schnell und lautlos den Weg hinunter. Aufatmend, und ohne daß die Dogge sie wahrgenommen hätte, erreichten sie die Fahrradsperre und blieben stehen. Sie waren jetzt auf gleicher Höhe mit den Wohnwagen auf ihrer Straßenseite und den Schrebergärten, die an die gegenüberliegende Straßenseite angrenzten. Die Straße war leer, die Wohnwagen und Schreberhäuser lagen dunkel da. Etwa drei Meter entfernt stand eine hohe Straßenlaterne, deren Licht einen mäßig hellen Fleck in die Nacht setzte.

Die Männer traten ein paar Schritte hinter die Hecke. Der Junge holte aus den ausgebeulten Taschen seines Jogginganzuges mehrere Schachteln, entfernte die Verpackung und breitete den Inhalt im Gras aus. Er schraubte den Kanister auf. Sofort stieg ein starker Benzingeruch auf. Mit der warmen, klebrigen Nachtluft ergab das eine unangenehme Mischung.

Warte.

Einer der beiden Männer zog aus einer schmalen Seitentasche, die auf sein rechtes Hosenbein genäht war, eine kurze Metallstange, die er wie ein Teleskop auseinanderzog, bis sie etwa zwei Meter lang war. In das offene Ende der Stange schob er sorgfältig die Ecke eines Taschentuches.

Los.

Eifrig goß der Junge Benzin über das Zeug.

Genug.

Der andere Mann nahm ihm den Kanister aus der Hand und stellte ihn zur Seite. Vorsichtig und sich noch einmal vergewissernd, daß die Straße leer war, ging er auf den mittleren Wohnwagen zu.

Er umkreiste den Wagen, sah in die geschlossenen Fenster und winkte den beiden anderen zu. Der Junge kam als erster hinter der Hecke hervor. Zappelig und lautlos kichernd begann er, Stoffstreifen um den Wohnwagen zu wickeln, wobei er die Enden an der Anhängerkupplung festmachte. Er arbeitete schnell und geräuschlos, und seine Lippen bewegten sich unaufhörlich in wüsten Beschimpfungen, besonders wenn er sich an der Tür aufhielt. Der zweite Mann kam mit dem Kanister hinter der Hecke hervor, lief auf den Wohnwagen zu, ging in die Knie, goß das Benzin schnell und gezielt unter der Mitte des Wagens aus und verschwand wieder hinter der Hecke.

Der Junge wickelte mehrere Lagen Stoff um den Wohnwagen, bevor er ebenfalls hinter der Hecke verschwand. Einen Augenblick lag die Straße da wie vorher. Nur der Benzingeruch war jetzt sehr aufdringlich. Sie würden sich beeilen müssen.

Die Männer entfernten sich ein Stück von der Stelle, an der sie den Stoff mit Benzin getränkt hatten, bevor sie den Lappen am Ende der Stange anzündeten. Während der Junge aufgeregt hinter der Hecke vor sich hin brabbelte, trug einer von ihnen die schmale Fackel auf die Straße, reckte den Arm, berührte leicht die Pfütze unter dem Wohnwagen, warf ein paar Zettel auf die Straße und trat dann ruhig wieder in den Schutz der Hecke zurück. Sie warteten, bis der Rest des Lappens verbrannt war, bevor sie über den Hügel zurückliefen.

Auf der Straße wurde es jetzt sehr hell. Kurz bevor sie ihren Wagen erreichten, hörten sie Schreie.

Scheiße, sagte der, der die zusammengeschobene Teleskopstange in den Wagen warf, während sie einstiegen. Ich hab 'ne Ameise am Arsch.

Bella Block, ehemalige Polizistin, jetzt Privatdetektivin in Hamburg, hatte einen langen, schönen, einsamen Sommerabend gehabt, bevor sie schlafen gegangen war. Seit ein paar Monaten, genauer seit ihrem letzten Moskau-Aufenthalt, hatte sie beschlossen, die Beschäftigung mit russischer Lyrik für eine Weile aufzugeben. Am vergangenen Abend nun hatte sie unter ihren Büchern eine Trakl-Ausgabe gefunden, von Fühmann kommentiert. Den ganzen Abend und die halbe Nacht hatte sie darin herumgelesen. Jetzt schlief sie – unruhig und beunruhigt. Unruhig, weil es auch nachts nicht kühler geworden war. Beunruhigt von einem Satz, der ihr auch im Schlaf nicht aus dem Kopf ging. Im Gegenteil, er stand in blauen Neonbuchstaben über einem Haus, das sie zu kennen meinte, ohne zu wissen, woher.

Du verlierst nichts von dem, was du
einmal warst und bist gewesen,
was du erst wirst.

Sie erwachte und sah auf die Uhr. Es war erst drei Uhr morgens. Bella zog sich das Laken über den Kopf und versuchte, wieder einzuschlafen. Der blaue Satz erschien auf dem Haus, das sie kannte.

Um vier Uhr morgens war von dem Wohnwagen nichts weiter übrig, als ein paar glühende Eisenstangen und heißes Blech unterschiedlicher Größe, vier Felgen und ein Haufen Scherben. Die Feuerwehr hatte die links und rechts stehenden Wagen beiseite geschoben und den Wohnwagen ausbrennen lassen. Zu retten wäre sowieso nichts mehr gewesen. Ob Menschen mitverbrannt waren, ließ sich in der Nacht nicht endgültig feststellen. Irgendwelche verkohlten menschlichen Überreste hatten sie jedenfalls nicht gefunden. Da keine Gefahr bestand, daß das verglimmende Feuer auf das Schrebergartengelände übergreifen würde – es war windstill, und die nächsten Lauben waren mehr als vierzig Meter entfernt –, nahmen die Bullen den als Brandwache zurückgelassenen Feuerwehrmann wieder mit.

Sie waren gerade dabei gewesen, mit der Serviererin im Spielsalon anzubändeln, als die Feuerwehr die Straße entlanggerast kam. Notgedrungen hatten sie sich in ihren Wagen begeben und waren hinterhergefahren. Natürlich hatten sie nichts davon gesagt, daß sie kurz vorher fast genau an der Stelle angehalten hatten, an der das Feuer ausgebrochen war. Die Feuerwehr war von einem Schrebergärtner alarmiert worden, dessen Klo außerhalb der Laube lag und der aufgestanden war, um nach draußen zu gehen. Die beiden Polizisten hatten das umliegende Gelände untersucht, aber außer einem Fleckchen Erde hinter der Hecke, das stark nach Benzin roch, hatten sie nichts Verdächtiges gefunden. Dafür tobten und heulten jetzt sämtliche

Hunde in dem nahe gelegenen Tierheim, sprangen gegen die Zäune und waren derart außer sich, daß die Polizisten unwillkürlich die Hand an die Waffe legten, während sie über den Hügel von ihrer ergebnislosen Suche zurückkamen. Natürlich hatten sie auch den Schrebergärtner befragt, ein Protokoll aufgenommen und durch die Fenster in die beiden anderen Wohnwagen gesehen. Aber das Protokoll war eine unergiebige Routinesache, in den Wohnwagen hatten sie keine Menschenseele entdecken können, das Feuer war fast erloschen, das Hundegebell wurde lästig, und die Nacht war durch die glühenden Eisenstangen noch mehr aufgeheizt. Es wurde Zeit, daß sie hier wegkamen.

Da sie die benzingetränkte Stelle hinter der Hekke gefunden hatten und der Fluchtweg der Brandstifter deshalb ihrer Meinung nach nur über den Hügel geführt haben konnte, waren sie gar nicht auf die Idee gekommen, das nahe liegende Schrebergartengelände abzusuchen.

Deshalb hatten sie auch die Frau nicht gefunden, die, Schuhe mit hohen Absätzen in der Hand haltend, im Begriff gewesen war, über die Straße zu gehen, als das Benzin unter dem Wohnwagen verpuffte und der Wagen zu brennen begann. Sie hatte den Mann erkannt, der mit der Fackel hinter der Hecke hervorgetreten war, und sofort begriffen, was los war. Sie hatte Angst, entdeckt zu werden. Mit solchen Kerlen war nicht zu spaßen.

Die Frau hatte sich hinter einen Sandhaufen gehockt. Die Straße war zu hell erleuchtet. Sie konnte jetzt nicht weitergehen. Sie sah, wie die Tür des Wohnwagens aufgestoßen wurde und ein junges Mädchen schreiend davonlief. Sie kannte das Mädchen nicht.

Während der Wagen verbrannte, blieb sie hinter dem Sandhaufen sitzen. Sie fürchtete sich davor, daß die Bullen sie finden und mitnehmen könnten, auch wenn sie auf der Wache in Sicherheit gewesen wäre. Erleichtert stellte sie fest, daß die beiden keine Anstalten machten, auf der gegenüberliegenden Straßenseite zu suchen. Überhaupt sahen die beiden Polizisten ziemlich lustlos aus, während sie neben dem langsam kleiner werdenden Feuer standen und mit einem älteren Mann in Trainingshosen und mit freiem Oberkörper sprachen, der aus einem der Schrebergärten über die Straße gekommen war. Schließlich ging der Mann zurück in seinen Garten. Die Bullen sprachen einen Augenblick mit dem zurückgelassenen Feuerwehrmann. Dann stiegen alle drei in den Streifenwagen und fuhren davon. Drüben glühten ein paar Eisenstangen. Es roch nach verbranntem Gummi. Das Geheul der Hunde ließ langsam nach.

Vorsichtig stand die Frau auf und strich sich den Sand von den nackten Knien. Sie sah auf ihre Armbanduhr. Es war fast drei Uhr. Keine gute Zeit, um alte Leute aus dem Schlaf zu holen. Wahrscheinlich schliefen sie gar nicht. Der Brand, der Lärm der Feuerwehr – bestimmt waren sie aufgewacht. Die Frau nahm die Stöckelschuhe aus dem Sand, klopfte sie ab und ging barfuß über die Straße. Einen der Zettel, den die Männer in die Gegend geworfen hatten, nahm sie auf und stopfte ihn in ihre Handtasche.

Sie war sehr lange nicht hier gewesen. Die Hekken und Bäume waren höher geworden. Die Gartenlauben sahen kleiner aus, als sie sie in Erinnerung hatte. Das Grundstück ihrer Großeltern hatte am Wasser gelegen. Sie erinnerte sich, daß man einen langen Mittelweg fast bis zum Ende gehen und dann nach rechts abbiegen mußte. Sie wußte nicht mehr genau, wo. Sie blieb stehen. Neben ihr begann ein Hund zu kläffen und dann noch einer. Das war nicht schlimm, auch aus dem Tierheim war noch immer Hundegebell zu hören. Aber sie wollte nicht unnötig falsche Wege gehen. Es war gut möglich, daß irgendeiner der Laubenbewohner nach all der Aufregung schlaflos hinter dem Fenster stand. Sie machte einen zögernden Schritt vorwärts und berührte mit der rechten Hand einen Laternenmast, unsicher, ob sie an dieser Stelle den Weg zum Wasser einschlagen sollte. Es war ein alter Mast mit einer geriffelten Oberfläche. Sie fühlte in ihrer Handfläche die Rillen. Ihr Körper erinnerte sich einen Augenblick früher als ihr Verstand an das Gefühl, das die sommerwarme, eiserne, unregelmäßige Oberfläche des Laternenmastes in ihr ausgelöst hatte, als sie noch ein Kind war. Sie war auf dem richtigen Weg.

Während sie hinunter zum Wasser ging, versuchte sie, sich zu erinnern, wie alt ihre Großeltern sein konnten. Es gelang ihr nicht. Sie spürte, daß es ihr schwerfiel, sich zu konzentrieren. Die ersten Anzeichen. In ein paar Stunden – aber daran wollte sie nicht denken. Sie würde die Großmutter schicken. Einmal würde sie es noch brauchen. Und dann war endgültig Schluß. Mit allem. Sie öffnete die Gartentür. Das Grundstück fiel zum Wasser hin ab. Undeutlich sah sie den Bootssteg und den alten hölzernen Kahn daneben.

Das Haus war dunkel, ein häßlicher, kleiner, steinerner Klotz mit winzigen Fenstern und zu großer Tür. Nachkriegshaus.

Leise und bestimmt klopfte die Frau an die Küchenscheibe. Sie wartete. Dann klopfte sie noch einmal.

Sie stand noch immer vor dem Küchenfenster, als undeutlich eine kleine Person hinter der Scheibe auftauchte. Über dem Herd ging ein Licht an.

Wie dumm von ihr, dachte die Frau, das Außenlicht hätte sie anmachen sollen. Wie klein sie geworden ist.

Die Alte war ans Fenster gekommen und sah angestrengt in die Dunkelheit. Die Frau trat noch näher an das Fenster heran. Ihre Gesichter waren sich nah. Einen Augenblick zögerte die alte Frau. Dann verließ sie die Küche und ging in den Flur. Als sie die Haustür öffnete, roch es sofort nach Moder und Trockenblumen. Es roch nach Kindheit.

Komm rein, mach leise.

Die Frau wußte, daß das Haus außer der Küche nur zwei winzige Zimmer hatte. In einem wurde geschlafen, in dem anderen gewohnt. Die Großmutter führte sie in die Küche, die so schmal war, daß die Frauen nicht nebeneinander sitzen konnten.

Petra?

Die Stimme der alten Frau war leise. Die Lampe über dem Herd beleuchtete eine junge Frau, dünn, braungebrannt, in sehr kurzem Jeansrock und weißem Hemd und eine alte Frau in geblümtem Morgenrock und mit dünnen, weißen Haaren, die aufgelöst um den dürren Hals hingen. Die junge Frau zog einen blanken Müllbehälter unter der an der Schmalseite der Küche befestigten Tischplatte hervor und setzte sich auf den Deckel.

Mach das Licht aus, Oma.

Einen Augenblick war es sehr dunkel. Die alte Frau zog einen Hocker heran, dessen hölzerne Beine über den hölzernen Fußboden schrammten, und setzte sich. Sie seufzte auf eine angestrengte und schwerfällige Art, so, wie Kurzatmige oder Übergewichtige seufzen – obwohl sie schlank und behende ausgesehen hatte.

Hör zu, Großmutter. Sag jetzt nichts. Hör nur zu. Was ist mit ihm?

Die junge Frau wies mit dem Kopf in die Richtung des Schlafzimmers.

Er schläft, mit Oropax.

Ich muß hierbleiben. Ich sag's dir, wie es ist. Ich – wenn sie mich finden, schlagen sie mich. Ich will da raus. Ich hab für die gearbeitet, und jetzt will ich aufhören. Du mußt mich verstecken. Nur ein, zwei Wochen. Er –

Die junge Frau sprach nicht weiter und starrte vor sich auf den dunklen Fußboden. Von draußen fiel ein unbestimmtes Licht durch das Küchenfenster. Es war beinahe vier Uhr. Der Himmel hatte sich verändert, so als hätte der brennende Wohnwagen ihm ein Licht aufgesetzt, das nach dem Feuer zurückgeblieben war. Die Sonne würde bald aufgehen.

Da bist du also. Du brauchst mir nichts zu sagen.

Die Stimme der Alten klang müde.

Wir haben dich gesehen. Du hast da unten auf der Straße gestanden. Er hat gesagt, es würde nicht mehr lange gut gehen mit dir. Und ich soll dich nicht reinlassen, wenn du kommst.

Die Alte stand auf und knöpfte den Morgenrock bis unter das Kinn zu. Der Morgenrock war damals rosa gewesen, mit großen gelben Blumen und hellgrünen Blättern. Selbst vorhin im Licht waren die Farben kaum noch zu erkennen gewesen. Jetzt, in der ersten fahlen Dämmerung, war er grau. Die krumme, faltige, graue Gestalt kam auf sie zu, nur das kleine Gesicht war ein weißer Fleck ungefähr in der Höhe ihres eigenen Gesichtes. Sie saß immer noch auf dem Mülleimer.

Dafür hat dich deine Mutter also – ach Quatsch. Du bleibst hier. Aber nicht hier drin. Er darf dich nicht sehen. Du kommst mit in den Schuppen. Da geht er schon seit Jahren nicht mehr rein. Ihm ist mal ein Spaten auf den Kopf gefallen. Die Beule sieht man heute noch.

Sie kicherte. Das Kichern kam von ganz weit her. Vielleicht kam es aus einem Bretterschuppen und gehörte zu einer Frau, die gerade dabei war, einen Spaten so an der Wand zu befestigen, daß er herunterfiel, wenn jemand den Raum betrat.

Da steht eine alte Liege. Decken sind auch da. Essen kriegst du, aber nur abends oder wenn er mal weg ist. Hast du Geld?

Die junge Frau nickte.

Dann behalt's für dich. Komm jetzt.

Sie wandte sich um und öffnete vorsichtig, und ohne ein Geräusch zu machen, die Küchentür.

Die junge Frau war erleichtert. Der erste Teil war geschafft.

Sie bogen um die Hausecke, die Alte voran, und gingen quer über den Rasen, unter alten Apfelbäumen entlang, in den hinteren Teil des Gartens. Die junge Frau ging gebückt. Es waren niedrige Apfelbäume mit breiten Kronen, unter denen es ein wenig dunkler war als am Rand des Gartens. In der Luft lag der Geruch von verbranntem Gummi. In den Büschen machten zwei aufgeregte Drosseln Jagd aufeinander.

Die Alte hatte die Schuppentür mit einem großen Schlüssel geöffnet. Sie ließ die Enkelin vorangehen. Dann schloß sie von innen sorgfältig die Tür.

Bleib stehen, sagte sie.

Eine Weile hörte die Junge sie zwischen Brettern und Eimern herumkramen. Dann fiel der schwache Lichtkegel einer Taschenlampe über die Haufen in vierzig Jahren angesammelten Sperrmülls. Die Alte zwängte sich zwischen einem wackeligen Küchenschrank und einem Regal mit ausrangierten Radios, leeren Bierkästen und mit irgendwelchem Kleinkram gefüllten Kartons hindurch in den hinteren Teil des Schuppens. Dann klang es, als krame sie in einem Plastiksack.

Komm her.

Ihre Stimme hatte sich verändert, sie klang fast lustig und ein bißchen geheimnisvoll. Die Frau folgte ihr, mühsam über Gerümpel steigend. An der Rückwand des Schuppens, von der Tür aus nicht zu sehen, stand ein altes Sofa, sorgfältig mit einer Zeltplane gegen Staub abgedeckt. Die Alte war dabei, eine Wolldecke und ein Sofakissen aus einem Plastiksack zu zerren.

Faß an.

Gemeinsam falteten sie die Zeltplane zusammen. Die Alte legte die Wolldecke ordentlich an das Fußende des Sofas und das Kissen obendrauf. Nebeneinander setzten sich die Frauen auf das Sofa. Durch die Ritzen der Bretterwände hörten sie das verliebte Schreien der Drosseln. Ein sehr dünnes, kaum wahrnehmbares Licht fiel durch die Ritzen. Merkwürdigerweise roch es hier drinnen in der staubigen, abgestandenen Luft stärker nach verbranntem Gummi als draußen. Und nach altem Holz und wieder nach Kindheit.

Die junge Frau begann zu weinen. Unbeweglich saßen die beiden nebeneinander, weinend die eine, vor sich hinstarrend die andere.

Klar, sagte die Alte schließlich. Er hat dir erzählt, daß er dich liebt, dann brauchte er Geld, und du bist auf die Straße gegangen. Jetzt willst du aufhören, aber er hat sich an das fette Leben gewöhnt.

Die junge Frau hörte auf zu weinen. Es war einen Augenblick still.

Aber ich liebe ihn, sagte sie.

Das Kribbeln in ihrem Körper war stärker geworden.

Na klar, sonst könnte er dich ja nicht auf den Strich schicken. Liebe und Prostitution, das gehört doch zusammen.

Ich komm davon los, sagte die Junge. Es war aber nicht klar, wovon sie loskommen wollte. Du mußt mir helfen.

Ich kann dir nicht helfen.

Die Alte sprach müde und ruhig.

Wenn du nicht begreifst, daß Liebe und Prostitution zusammengehören, ist dir nicht zu helfen. Weißt du denn, wie lange ich gebraucht habe, um das zu begreifen?

Das Kribbeln im Körper war wirklich unangenehm. Die junge Frau faßte in ihre Rocktasche und zog eine Handvoll zerknüllter Geldscheine hervor.

Mein Gott, sagte sie ungeduldig. Rede doch nicht über Sachen, die du nicht kennst. Hier, du mußt mir einen Gefallen tun.

Ruhig wandte sich die Alte ihr zu und sah sie an.

Du gehst jetzt – nein, nicht jetzt, es ist zu früh, du gehst, wenn es richtig hell geworden ist, zu dieser Adresse. Frag nach Ali. Der Große, nicht der mit der kaputten Hand. Gib ihm das Geld, aber nur ihm, hörst du. Er gibt dir ein Päckchen. Das Päckchen bringst du mir, so schnell du kannst.

Natürlich, sagte die Alte. Ohne das ist sie wohl nicht auszuhalten, deine Liebe, was? Ich kann morgens nicht weg.

Du mußt, bitte, sagte die Frau. Sie stand auf und nahm die Wolldecke auseinander, auf der sie gesessen hatte.

Die Alte war ebenfalls aufgestanden.

Er sucht dich, deshalb kannst du nicht selbst gehen, sagte sie.

Sie steckte die Geldscheine in die Tasche ihres Morgenrocks und begann, über das Gerümpel zur Tür zu klettern. Neben dem Küchenschrank blieb sie stehen und sah sich um. Sie hatte ein Bein auf eine leere Kiste gestellt. Der Morgenrock war über dem Knie auseinandergerutscht. Ein weißlich schimmernder Schienbeinknochen stand auf der Kiste. Wäre es schon ein wenig heller gewesen, so hätte man eine dicke, blaßblaue Ader darauf sehen können.

Wie heißt er eigentlich, dein Galan?

Ben, mein Gott, warum ist denn das jetzt wichtig! Geh lieber rüber und paß auf, daß Opa nichts merkt. Und geh schnell.

Die junge Frau begann, sich in die Decke zu wikkeln, obwohl es im Schuppen sehr warm war. Die Alte angelte nach ihrem Pantoffel, der hinter die Kiste gerutscht war, fand ihn, bückte sich und kam ächzend wieder hoch.

Ich werd schon gehen. Hauptsache, du verhältst dich still, bis ich zurück bin. Ich schließ von draußen ab.

Mit gleichgültiger Stimme hatte die Alte beim Hinausgehen vor sich hingesprochen. Geräuschlos schloß sie die Holztür hinter sich. Fast geräuschlos drehte sich der Schlüssel im Schloß.

Die Drosseln tobten und schrien noch immer in den Büschen. Auch andere Vögel sangen, das übliche Sommermorgen-Geräusch.

Die Alte blieb einen Augenblick vor der Haustür stehen und lauschte. Sie ging nicht ins Haus, sondern am Küchenfenster vorbei, hinüber zu dem blühenden Jasmin, der auf der Grenze zum Nachbargrundstück stand. Neben dem alten Strauch wirkte sie klein und zart. Sie zog einen der blühenden Äste zu sich herunter und atmete andächtig den Duft der Blüten ein. So blieb sie eine Weile stehen. Dann ging sie ins Haus, hängte den Morgenrock im Flur an einen Haken und nahm ein Telefonbuch aus der Garderobenschublade. Einen Moment hielt sie es in der Hand, legte es dann zurück und holte das Branchenverzeichnis hervor. Sie ging damit in die Küche, legte es auf den Herd und schaltete die Lampe über dem Herd ein. Sie war verunsichert, als sie feststellte, wieviele Detektive es gab. Schließlich schrieb sie einen Namen und eine Adresse auf den Rollzettel an der Schrankwand neben dem Herd. Nachdem sie das Branchenverzeichnis in die Schublade im Flur zurückgebracht hatte, ging sie ins Schlafzimmer und legte sich neben ihren Mann.

Die Frau im Schuppen versuchte einzuschlafen. Sie hatte ein paar Schlaftabletten ohne Wasser hinuntergekriegt. Nicht alle, einen kleinen Vorrat hatte sie noch in der Rocktasche. Sie war froh, daß alles so einfach gewesen war. Vielleicht würde es so weitergehen – ganz einfach, man mußte es sich nur vornehmen. Sie dachte an Ben und daran, daß er jetzt mit der Neuen zusammen war. Und daß vor einem Jahr sie die Neue gewesen war. Und davor eine andere. Sie waren alle noch da. Aber sie würde nicht mitmachen. Sie würde überhaupt nicht mehr mitmachen. Natürlich war das gefährlich. Sie war eine zu gute Einnahmequelle. Und sie wußte über diese Sache Bescheid. Aber das würde Ben ihr nicht zutrauen. Daß sie auspackte, würde er nicht denken. Sie dachte an den Kerl, den Ben beschäftigte, um die Frauen bei der Stange zu halten. Ihr Magen zog sich zusammen, ein ganz leichter Schmerz, der schnell wieder verschwand.

Du brauchst es gar nicht erst zu versuchen. Lebend kommst du hier nicht weg!

Sie wußte, daß Ben ihr nichts tun würde. Sie liebten sich ja. Aber der andere. Sie würden sie nicht finden, hier nicht. Sie hatte ja selbst erst seit ein paar Tagen an die Möglichkeit gedacht, hierher zu gehen. Mit niemandem hatte sie über die Alten gesprochen. Keiner konnte wissen, daß sie hier war. Sie stützte den Kopf auf, nahm das Sofakissen hoch und drehte es um. Auf dem unbestickten Samt der Rückseite schlief es sich besser. Sie hätte gern Musik gehabt zum Einschlafen. In ihrer Wohnung schlief sie immer mit Musik ein. Und eine dickere Decke. Wenn die Alte zu spät zurückkam, würde auch die dickere Decke nichts nützen. Dann mußte sie es durchhalten. Das stand ihr sowieso noch bevor. Vielleicht sollte sie gleich anfangen. Wenn du kotzen mußt, mußt du aufhören, hatte ihr eine Kollegin ganz zu Anfang gesagt.

Draußen begann ein sehr warmer, sehr früher, sehr bedrohlicher Sommermorgen, dem ein langer, heißer, stinkender Tag folgen sollte.

Die Frau neben dem Tresen hob den Rock über dem rechten Bein hoch. Sie trug Strümpfe ohne Strumpfhalter. Das eingewebte Gummiband preßte ein Stück des Oberschenkels wie eine fettschlaffe Rolle aus dem Strumpf. Es sah aus, als ob die Rolle den Griff in den Strumpf unmöglich machen würde. Man brauchte sie aber nur anzuheben. Die Frau fingerte einen Schein aus dem Strumpf und ließ den Rock wieder fallen. Sie bestellte ein Bier.

Die Kneipe war voll. Zwischen vier und fünf war sie immer voll. Neben der Frau, die den Schein auf den Tresen gelegt hatte, standen zwei Männer in Arbeitsanzügen. Sie tranken Kaffee. Vor sich hatten sie Teller mit belegten Brötchen.

Was jetzt noch draußen rumsteht, ist doch sowieso nur Schrott.

Der Mann, der gesprochen hatte, zog mit der Linken Ladepapiere aus der Hosentasche, während er begann, ein Brötchen zu essen.

Wir kriegen vielleicht eine für zwei, zum gleichen Preis.

Aber nicht unterwegs. Ich hab die Weiber nicht gern unterwegs. Hier auf dem Platz. Sonst mußt du warten.

Der zweite Mann, der etwas jünger war, nahm ein Brötchen in die Hand und drängte sich zum Ausgang. Der andere sah ihm nach, bevor er begann, die Ladepapiere zu lesen. Irgendwas würde er schon anschleppen. War vielleicht ganz gut. Sie hatten einen langen Tag auf dem Bock vor sich.

Schieb ab, du stinkst. Die Stimme der Frau, die ihr Bier bekommen hatte, war halblaut und träge, als käme sie aus dem Schlaf. Während die Frau sich den Schaum von den Lippen leckte und das leere Glas von sich weg über den Tresen schob, versuchte sie, ein Stück zur Seite zu rücken. Noch eins, sagte sie.

Der Penner blieb an ihrer Seite. Es war kein Platz zum Ausweichen.

Eddie, schrie die Frau plötzlich und so laut, daß ihre Stimme sogar die Musikbox für einen Augenblick übertönte. Eddie!

Niemand beachtete sie. Der Uringeruch wurde so stark, daß sich der Mann, während er die Papiere wieder in die Hosentasche schob, angeekelt umsah. Sein Blick fiel auf den grindigen Alten, der, von der durchdringenden Stimme der Frau erschreckt, unsicher um sich blickte. Ihre Blicke trafen sich. Der Alte bückte sich und griff nach den Plastiktüten, die er zwischen seinen Beinen abgestellt hatte. Rückwärts drängte er vom Tresen weg, um sich vor den drohenden Blicken in Sicherheit zu bringen.

Die Frau, die träge ihr Bier schlürfte, murmelte: Danke, Kumpel!

Der Mann beachtete sie nicht. Er sah auf die Tür, aber sein Beifahrer ließ auf sich warten.

Die Kneipe war früher eine Tankstelle gewesen. Eine Tankstelle aus der Zeit, als man Tankstellen wie aufwendige, kleine Glaspaläste baute, mit abgerundeten Seitenflügeln und Flachdächern, wie Luxusbungalows. Durch die gläsernen Wände drang das erste Tageslicht, noch nicht stark genug, um das Licht der Lampen über den Tischen und über dem Tresen abzulösen. Gelbe Lichtkegel, von Plastikschirmchen zusammengehalten, schwammen im Zigarettenrauch. Der rechte Lampenschirm über dem Tresen hatte einen Riß, durch den ein Lichtstrahl nach oben drang und einen Streifen blauen und braunen Zigarettenrauches beleuchtete. An dem Tisch neben der Tür wurde es laut.

Laß mich in Ruhe. Der Mann war so betrunken, daß seine Worte kaum zu verstehen waren.

Komm jetzt, du hast genug.

Hab ich nicht gesagt, du sollst mich in Ruhe lassen?

Der Betrunkene versuchte, drohend eine Faust zu heben, fiel aber gleich wieder vornüber auf den Tisch. Die Frau neben ihm blieb mit weinerlichem Gesicht dabei, an seiner Schulter zu rütteln.

Richtig, gib's ihr. Setz dich Mädchen. Wir machen's dir gemütlich.

Den Männern am Tisch gefiel die Hilflosigkeit der Frau. Einer zog sie zu sich auf den Schoß. Schweigend versuchte sie, sich zu befreien.

Deine Alte bleibt hier, schlaf ruhig. Wir beschäftigen sie solange.

Die Männer grölten und riefen nach Bier. Die Frau zappelte immer noch auf dem Schoß. Als der Mann hinter dem Tresen hervorkam und sich neben den Betrunkenen stellte, hielt sie still. Der

Mann war groß, einsneunzig vielleicht, und mindestens fünfzig. Er trug ein schmutzig-weißes T-Shirt, das über dem Bauch spannte. Seine Hüften waren schmal und die Arme muskulös. Seine dunklen Haare waren kurz geschoren, und das längliche Gesicht wirkte ein wenig aufgedunsen. Auf eine rohe, unvermittelte Art sah er gut aus. Er griff den Betrunkenen mit der linken Hand am Kragen, zog ihn hoch, drängte mit der rechten ein paar bleiche, halbverhungerte Punks beiseite, riß die Tür auf und schob ihn, ohne ein Wort zu sagen, hinaus.

Mach, daß du nach Hause kommst, sagte er.

Die Frau war aufgestanden, und strich sich den Rock glatt.

Danke, Eddie.

Niemand hörte sie. In der Kneipe war es, während Eddie den Mann hinausbefördert hatte, schon wieder laut geworden. Die Frau verschwand. Ein paar Gäste traten zur Seite, so daß sich eine kleine Gasse bildete, durch die Eddie zum Tresen zurückging. Er zog beim Gehen das rechte Bein nach.

Bring Bier da rüber, sagte er und lehnte sich mit dem Rücken an das Glasregal hinter dem Tresen. Im Spiegel zwischen den Gläserreihen war sein Nacken zu sehen. Er glänzte feucht. Wenn er jetzt nicht bald kommt, dachte der LKW-Fahrer, kann er die Sache ganz abblasen. Oder – suchend sah er sich in der Kneipe um. Wieso ist er überhaupt rausgegangen. Hätte man doch hier –

Jemand drückte von außen die Tür auf und schob so die Punks zur Seite. Endlich. Der Beifahrer drängte zum Tresen. Hinter ihm eine blasse, blonde Frau, von der im Gedränge nur das Gesicht zu sehen war.

Bist du verrückt, sagte der Wartende, als die beiden den Tresen erreicht hatten.

Sein Kollege hatte die Frau zwischen sie beide geschoben. Die Frau war schwanger.

Sie braucht nur noch was zu trinken, sagte der Beifahrer ungerührt. Dann ziehen wir ab.

Die Frau beachtete die Männer nicht. Sie wartete darauf, daß die Bedienung das Bier fertigmachte.

Die ist mindestens im achten Monat, Mensch!

Na und? Wir wollen sie ja nicht mitnehmen. Man muß alles mal ausprobiert haben.

Der Fahrer versuchte, sich zu erinnern, wie das gewesen war, aber seine Kinder waren über zwanzig, und er wußte nicht mehr, was er und seine Frau damals gemacht hatten.

Ich weiß nicht –

Aber ich weiß. Sie macht's praktisch für die Hälfte, wie ich gesagt hab. In dem Zustand sind sie manchmal ganz geil drauf. Neulich hatte ich eine, die hat ihren Kopf wie ein Kaninchen auf und ab bewegt. Er lachte. Los, komm jetzt.

Er legte ein Fünfmarkstück auf den Tresen und schob die Frau, die das Bier erst zur Hälfte ausgetrunken hatte, vor sich her zur Tür.

Bei uns in der Heia ist auch noch 'ne Flasche.

Sein Kollege folgte ihm. Er legte der Frau die Hände auf den Hintern. Unter dem dünnen Baumwollstoff spürte er, wie sie sich träge und ein wenig schwerfällig vorwärts bewegte.

Sie kommen. Geh mal rüber und schließ die Tür auf, ich stelle mich solange hinter den Tresen. Und laß die Jalousien runter.

Der Kellner stellte das halbgefüllte Bierglas auf die Messingplatte, zog eine Schublade auf und nahm einen Schlüssel heraus. Eddie schob sich hinter seinem Rücken vorbei und griff nach dem halbvollen Glas. Dienstags zwischen vier und fünf trafen sie sich regelmäßig bei ihm, um Geschäfte zu besprechen. Sie kamen auch an anderen Tagen, aber nicht gemeinsam und nicht besonders häufig. Eddies Laden lag am Autostrich. Das war nicht die Gegend, in der ein Zuhälter, der etwas auf sich hielt, sich gern sehen ließ.

Drei, vier – es fehlen noch drei, dachte Eddie, während er gleichmütig über den vollen Laden sah. Sie tagten im Seitenflügel. Hier konnten die Glaswände per Knopfdruck durch Jalousien so dicht gemacht werden, daß kein Lichtschimmer nach außen drang. Wahrscheinlich hatte ihnen das imponiert.

Eddie hatte nichts gegen Zuhälter, solange sie sich in seinem Revier zurückhielten. Er winkte – fünf, sechs – den Typen zu, die gerade zur Tür hereinkamen, braungebrannt, blondgelockt und dumm – sieben – hallo –, manchmal wunderte er sich darüber, daß nie einer fehlte oder durch einen anderen ersetzt wurde. Schien ein solides Unternehmen zu sein. Bei ihm trafen sie sich jetzt seit fast drei Jahren. Der Kellner kam an den Tresen zurück.

Ich bleib hier stehen, bis du ihnen den Sprit gebracht hast, sagte Eddie. Noch einmal ging die

Tür auf. Eddie sagte: Nein, laß, ich bring's ihnen heute selbst rüber.

Wenn sie den da bestellt hatten, mußte es etwas Besonderes geben, und er wußte gern rechtzeitig Bescheid, wenn etwas los war.

Eddie kannte den Mann nicht, der gerade zur Tür hereingekommen war und sich jetzt suchend umsah. Als ihre Blicke sich trafen, zog er die linke Augenbraue hoch und wies mit dem Kopf nach links. Der Mann durchquerte die volle Kneipe und verschwand hinter der Tür zum Seitenflügel, ohne eine Miene zu verziehen und ohne von irgend jemandem Notiz zu nehmen. Übel, dachte Eddie, wo sie den wohl aufgetrieben haben.

Er nahm das Tablett mit Gläsern und Flaschen, das der Kellner inzwischen zurechtgemacht hatte, und ging, das rechte Bein leicht nachziehend, hinter dem Killer her.

Der Raum, den er betrat, war groß, niedrig und rechteckig. An der schmalen Wand gegenüber der Eingangstür stand, in die Ecke geschoben, ein großes, altmodisches Klavier, daneben ein Standmikrofon. Die Sachen sahen aus, als seien sie irgendwann dort vergessen worden. In der Mitte des Raumes befand sich ein ovaler, mit grünem Filz bedeckter Tisch, an dem bequem Platz für zwanzig Leute war. Etwa so viele Stühle, zusammengesuchte Gartenstühle aus Holz oder Metall und ein paar Campingstühle mit braun-gelb gestreiftem Stoffbezug, vervollständigten die Einrichtung. Über dem Tisch hing sehr tief eine Lampe von der Art, wie sie auch vorn in der Kneipe hingen. Nur hing sie etwas tiefer und hatte eine schwächere Glühbirne. Der große Raum lag im Halbdunkel.

Als Eddie die Tür hinter sich schloß, saßen die Männer schon am oberen Ende des Tisches. Der Killer stand im Hintergrund, mit dem Rücken an eine Jalousie gelehnt. Eddie ging auf ihn zu, hielt ihm das Tablett hin und ging weiter, als der Mann ihn nicht beachtete. Er stellte das Tablett vor die Männer auf den Tisch, nahm sich einen Stuhl und setzte sich so, daß er die Anwesenden beobachten konnte. Niemand beachtete ihn. Es war selten, aber nicht ungewöhnlich, daß er an ihren Zusammenkünften teilnahm. Manchmal fragten sie ihn nach seiner Meinung. Sie bewunderten ihn, weil er es geschafft hatte, daß sämtliche Imbißbuden und Lokale an den zwei Kilometern Autostrich ihm gehörten. Aber im allgemeinen kümmerten sie sich nicht um ihn. Ihre Interessen waren verschieden, ihre Arbeitsbereiche voneinander getrennt. Sie vertrauten ihm, weil er noch nie jemanden verpfiffen hatte, weil er ihnen nicht ins Gehege kam, weil er ein Einzelgänger war und weil sie in seinem Laden ungestört tagen konnten. Bei Eddie war das Niemandsland, in dem sie regelmäßig hockten und sich wichtig nahmen. Und wenn die Anwesenheit des schweigsamen Mannes drüben an der Jalousie die Atmosphäre veränderte, so ließen sie sich jedenfalls nichts anmerken.

Eddie hatte jetzt Zeit, sich den Mann genauer anzusehen. Der Mann war nicht schlank, er war dünn. Einer von der Sorte, denen die Haut direkt an den Knochen klebt. Er trug ein schwarzes

Hemd, eine schwarze Krawatte und eine weite schwarze Hose – wahrscheinlich waren auch Schuhe und Socken schwarz. Über dem ganzen Schwarz schimmerte ein mageres, blasses Gesicht unter blonden, naß angeklatschten Haarsträhnen. Der Kopf war so fleischlos, daß die Schläfen hohl wirkten. Aus irgendeinem Grund war Eddie sicher, daß der Mann an dem ihm abgewandten Ohr einen Ohrring trug. Einen Mantel oder ein Jackett hatte er nicht. Einer, der mit dem Messer arbeitet, dachte Eddie.

Die Männer am Tisch hatten ihre Gläser gefüllt.

Vier Punkte, sagte einer, der mit dem Rücken zu Eddie saß. Er, dabei wies er mit dem Kopf auf den Mann an der Jalousie, die Ladung, das Feuer und Ostfleisch. Sonst noch was?

Niemand antwortete. Einen Moment war es still.

Ich brauche ein Foto, sagte der Mann von der Jalousie herüber, ohne sich zu bewegen und mit gleichgültiger Stimme.

Falls irgend jemand ihn bis dahin noch für einen gehalten haben mochte, mit dem sich reden ließe, so war er jetzt geheilt. Der mit den blonden Locken holte ein 8 × 13-Foto aus der Brusttasche seines Seidenhemdes. Er reichte das Foto seinem Nebenmann, der es weitergab, bis es bei dem angekommen war, in dessen Rücken der Messermann stand. Der reichte es nach hinten, ohne sich umzuwenden. Der Mann trat zwei Schritte aus dem Halbdunkel hervor, nahm das Foto an sich und trat wieder zurück. Keiner der Männer hatte das Foto angesehen. Sie hatten es weitergegeben, als wollten sie es möglichst schnell wieder loswerden.

Was für Feiglinge, dachte Eddie. Holen sich einen Mann für die Dreckarbeit und scheißen sich in die Hose, wenn sie darüber nachdenken, was er tun wird.

Aufmerksam betrachtete er den Mann an der Jalousie. Er hatte das Foto nicht weggesteckt. Er hielt es in der Hand, sah unbewegt darauf nieder, und Eddie sah staunend, wie sich sein Gesicht ganz langsam veränderte. Eine Art Leuchten erschien in seinen Augen, ein Lächeln spannte vorsichtig die straffe Haut über den Wangenknochen, es schien einen kurzen Augenblick, als leuchte der Kopf des Mannes von innen wie ein ausgehöhlter Kürbis, in dem eine Kerze brennt. Dann steckte der Mann das Foto ein, und sein Gesicht war leblos und stumpf wie vorher.

Auch das noch, dachte Eddie. Da haben sie sich einen Kranken eingehandelt. Jedenfalls ist er nicht von hier. Dessen Taten machen die Öffentlichkeit mobil. Von dem hätte man schon gehört.

Name, Adresse, bevorzugter Aufenthaltsort, Adressen von Eltern und Großeltern, sagte der Mann von der Jalousie her.

Der Blonde griff noch einmal in die Brusttasche und zog einen Zettel hervor. Auch der Zettel wanderte, ohne daß einer der Männer einen Blick darauf geworfen hatte, um den Tisch und landete in den Händen des Killers. Der starrte eine Weile darauf, holte ein Feuerzeug aus der Tasche und verbrannte den Zettel. Schwärzlich verkohlte Flocken fielen auf den Fußboden.

Ich bin dagegen, daß du sie umlegst, sagte der Blonde. Kitzel sie ein bißchen, damit sie weiß, wo sie hingehört. Aber so, daß sie noch über die Straße gehen kann.

Der Mann löste seinen Rücken von der Jalousie und trat ein wenig vor. Sie wird heute nacht erledigt, sagte er. Es ist nicht gut, was du da sagst, gar nicht gut.

Du kannst es kaum erwarten, du Schwein, dachte Eddie. Ben sollte sein Maul halten, der Kerl ist ungesund.

Niemand hatte dem Blonden zugestimmt. Ohne etwas zu sagen, verließ der Mann in Schwarz den Raum. Kein Ohrring und kein Akzent, dachte Eddie, während er zusah, wie die Tür von außen sorgfältig geschlossen wurde. Blond und deutsch.

Clever der Bursche, sagte der, der neben dem Blondgelockten saß, ein nervöser junger Bursche, der aussah wie der hübsch ausstaffierte kleine Bruder einer Luxusprostituierten. Wär ich nicht drauf gekommen, Adresse der Großeltern.

Er zündete sich mit fahrigen Bewegungen eine Zigarette an. Zwei andere ebenfalls. Ben starrte vor sich hin.

Ich hab 'ne Menge Geld in sie investiert, ihr könnt sie nicht einfach umlegen.

Eddie stand auf, nahm einen Aschenbecher vom Fußboden und stellte ihn auf den Tisch.

Ein schönes Stück Dreck habt ihr euch da ausgesucht, sagte er ruhig. Muß ja ziemlich brenzlig sein, wenn ihr so einen nötig habt. Laufen euch die Pferdchen weg?

Das mußt du – der Nervöse brachte den angefangenen Satz nicht zu Ende. Eddie unterbrach ihn.

Ist mir egal, Jungs, wie ihr eure Geschäfte betreibt. Solltet ihr aber die Absicht haben, diesen handgestrickten Todesengel noch einmal einzuladen, dann trefft euch gefälligst woanders mit ihm – der Typ paßt mir nicht. Ist das klar?

Ohne eine Antwort abzuwarten, verließ er den Raum.

Laß die Tür auf.

Kurz nach fünf Uhr morgens verließ der letzte Gast den Spielsalon. Die junge Frau, eine große Blonde mit weißem Overall und mit Blechringen von zehn Zentimetern Durchmesser an den Ohren, leerte die letzten Aschenbecher. Draußen begann der Tag. Die Frau setzte den Aschenbecher auf dem Billardtisch ab und stellte sich an die Tür.

Die ersten LKWs rollten langsam vorüber. Gleich würden die Fahrer noch einmal anhalten, an einer von Eddies Frühstücksbuden ihre Brötchen essen und dann –

Mißmutig starrte sie die Straße hinunter. Der Spielsalon war in einem aufgebockten Container untergebracht. Eine eiserne Treppe führte nach oben. Die Frau setzte sich auf die oberste Treppenstufe. Das Metallgeländer war schon warm. Lagerhallen, Metallzäune, Fabrikgebäude, es stank nach Kakao und Teer, es war zu warm, und sie hatte zu wenig Geld. Sie hatte den falschen Job. Die ganze

Nacht Kaffee servieren, leere Bierflaschen und volle Aschenbecher wegschleppen, sich von fetten Bullen dumm anquatschen lassen. Und das für die paar Piepen. Was manche Frauen für Geld verspielten – jetzt war keine mehr zu sehen. Die hockten drüben bei Eddie oder nahmen den letzten Freier aus. Auf der Straße fuhr langsam ein silbergrauer Mercedes vorüber. Von oben waren nur die braunen Hände des Fahrers zu sehen. Ist ein bißchen spät dran, dachte die Frau. Wird wohl kaum noch jemanden finden.

Sie stand auf, ging zurück in den Container. Sie nahm den Aschenbecher vom Billardtisch und trug ihn in den Verschlag, der die Küche war. Es roch noch immer nach abgestandenem Bier und kaltem Rauch.

Einen Kaffee noch, bevor ich hier abhaue, dachte sie, während sie einen sauberen Becher suchte. Auf der Metalltreppe waren Schritte zu hören. Die Frau goß den Rest Kaffee aus der Kaffeemaschine in den Becher und ging zurück in den Spielsalon. In der Tür stand der Mercedes-Typ. Er hatte die Arme vor der Brust gekreuzt. Deutlich sah sie die braunen Hände.

Wir haben geschlossen, ziehen Sie ab, Mister.

Der Typ trat einen Schritt nach vorn. Die Frau konnte sein Gesicht nicht deutlich sehen. Das Licht hinter ihm war zu hell.

Das macht nichts, Süße, sagte er freundlich. Die Hauptsache, du hast noch nicht geschlossen.

Mich kannst du doch gar nicht löhnen, antwortete die Frau und dachte, daß sie schon lange keine

Lust mehr hatte, für billiges Geld die Tugendhafte zu spielen, während andere jeden Abend ein paar hundert Mark verspielten. Der Kerl hatte keine mehr abgekriegt. Wenn er unbedingt wollte, dann sollte er auch können. Aber sie würde es sich teuer bezahlen lassen.

Wir machen ’ne kleine Spritztour und hinterher bist du um einen Braunen reicher.

Der Mann war noch einen Schritt vorgetreten. Sie sah ihn jetzt deutlicher. Er sah ganz passabel aus. Fünfhundert, dachte sie, nicht schlecht.

Wenn du mich am Hauptbahnhof absetzt –

Na klar doch, sagte der Mann. Irgend etwas an seinem Blick gefiel ihr nicht. Sie wußte nicht, was es war. Aber es war auch egal.

Moment noch, ich schließ bloß ab, sagte sie. Du kannst schon vorgehen.

Während sie den Becher in die Küche zurücktrug, hörte sie ihn die Metalltreppe hinuntergehen. Es klang ein bißchen, als hätte er Nägel unter den Schuhen. Die Frau sah kurz in den Spiegel. Ich hätte fragen sollen, wie er es haben will, dachte sie. Naja, wird man ja gleich hören. Erst mal Falle schieben. Sie nahm den Schlüssel aus dem Küchenschrank, hängte die Handtasche über die Schulter und verließ den Container.

Ein paar Meter weiter glänzte der Mercedes in der Morgensonne. Sie lief darauf zu, während er von innen die Tür aufhielt.

Komm rein, Rita, sagte er.

Wieso Rita, ich heiß nicht Rita.

Ist doch egal, Süße, für mich bist du Rita.

Sie antwortete nicht. Der Wagen hatte echte Lederpolster. Die Kerle hatten sowieso alle 'n Knall – hieß sie eben Rita. Sie streckte die langen Beine aus und zog den Reißverschluß des Overalls nach unten, bis der Sicherheitsgurt sie stoppte.

Laß das, sagte der Mann scharf. Zieh dich wieder an. Du tust, was ich sage.

Die Frau zog den Reißverschluß hoch und beobachtete den Fahrer aus den Augenwinkeln. Er hatte 'ne Macke, das war klar. Scheiße, wahrscheinlich so ein Schwein mit 'ner Sondernummer. Ihr wurde eben nichts geschenkt. Obwohl – so schlimm sah er eigentlich gar nicht aus.

Du fährst ziemlich schnell, sagte sie, um überhaupt etwas zu sagen.

Er antwortete nicht. Sie betrachtete seine Hände. Sie waren sehr gepflegt. Überhaupt machte er einen teuren Eindruck. Er und sein Auto. Sie strich mit den Händen über den Ledersitz.

Sie fuhren über die Veddel. Ein paar türkische Gemüsehändler waren dabei, die Auslagen vor ihren Läden aufzubauen.

An wen sie das ganze Zeug wohl verkaufen wollen, dachte sie, und sah an einer der alten Mietskasernen hoch, während sie an einer Ampel standen und warteten. Fast alle Fenster waren geschlossen. An einem im zweiten Stock lehnte eine Frau auf einem Kopfkissen und sah dem Gemüsehändler unten auf der Straße bei der Arbeit zu.

Sie fuhren jetzt über die Harburger Chaussee. Sie kannte die Gegend hier nicht mehr. Jedenfalls sah es nach Hafen aus. Sie hatte den Eindruck, daß der Mann neben ihr sich vielleicht verfahren haben könnte. Er sah unsicher durch die Scheibe und fuhr auch langsamer. Aber dann bog er nach rechts ab und dann noch mal nach rechts, und jetzt fuhren sie zwischen Lagerschuppen hindurch, die noch geschlossen waren. Es war ja auch noch nicht sechs. Sie fuhren bis ans Ende der Straße und bogen in einen Hof ein.

Bleib sitzen, sagte der Mann, und stieg aus.

Sie sah ihn das Tor zu einer kleineren Lagerhalle öffnen. Die Rückseite der Halle war offen. Dahinter begann das Wasser. Deutlich sah sie ein paar Barkassen in der Morgensonne auf dem Wasser liegen. Der Mann kam zurück und fuhr den Wagen in die Lagerhalle. Er stieg noch einmal aus und schob die Torflügel zu. Dann setzte er sich wieder zu ihr in den Wagen.

Ein schönes Plätzchen hast du hier, sagte die Frau. Jetzt kann ich wohl den Gurt losmachen.

Sie beugte sich nach links, um zu sehen, weshalb der Verschluß nicht zu öffnen war.

Laß mal, ich mach das gleich, sagte der Mann. Seine Stimme war rauh. Beug dich mal vor.

Er kommt in Fahrt, und ich weiß nicht mal, weshalb, dachte die Frau und beugte den Oberkörper vor. Der Mann griff ihre Arme und fesselte ihre Hände auf dem Rücken mit Handschellen aneinander.

Mensch, was soll das, sagte sie leise.

Aber sie war nicht mehr besonders verblüfft, als statt einer Antwort durch eine zweite Bewegung ihr Sitz nach hinten geklappt wurde. Klar war sie einem Scheißkerl in die Hände gefallen, und jetzt mußte sie das Beste draus machen. Sie sah ihm zu, wie er langsam mit der Rechten in die Handschuhklappe griff. Die Armbanduhr an seinem Handgelenk war viertel vor sechs.

Du brauchst nicht zu schreien, sagte er. Hier ist niemand. Und der Wagen fängt eine Menge ab. Aber wenn du willst, schrei ruhig.

Sie sah ihn an. Er hatte undeutlich gesprochen, weil er den Knöchel seines linken Daumens mit den Zähnen bearbeitete. Er hatte den Unterkiefer nach vorn geschoben, und sein Gesicht war von Haß verzerrt.

Nicht mal das Geld werd ich kriegen, dachte sie, und vor Wut und Angst und Enttäuschung begann sie, laut zu schreien. Als er fertig war, öffnete er die Handschellen und stieß sie aus dem Wagen. Sie hatte keine Kraft mehr, um hinterherzulaufen.

Das kannte er schon. Die hielten nie durch. Er hätte sie gern noch naß gemacht. Aber es war schon spät, und er mußte ins Büro. Er fuhr den Wagen aus dem Schuppen, schloß das Tor und fuhr davon.

Die Frau blieb eine Weile liegen und wimmerte leise vor sich hin. Von der offenen Schuppenseite her fiel die Sonne ein Stück weit auf den Betonfußboden. Als ihr kalt wurde, kroch sie in den Sonnenfleck und blieb dort liegen. Sie schlief ein und erwachte erst, als die Sonne verschwunden war. Der Betonfußboden war kalt, und sie fror. Beim Aufstehen stellte sie fest, daß der Overall heil geblieben war, bis auf einen Riß zwischen den Beinen, den man beim Gehen nicht sah. Nur dreckig war sie. Und müde.

Der alte Mann erwachte jeden Morgen um die gleiche Zeit. Das schwarze Rollo vor dem Fenster ließ an den Rändern Licht ins Zimmer. Sehr helles Licht. Er wandte den Kopf, wie jeden Morgen, zum Wecker auf dem Nachtschrank: viertel nach sechs. Auf sein Zeitgefühl konnte er sich verlassen. Er dachte, was er jeden Morgen dachte: Nur einmal in seinem Leben war er zu spät zur Arbeit gekommen. Das war aber nicht bemerkt worden, weil von den anderen niemand gekommen war. Alle anderen hatten den Bombenangriff als Vorwand benutzt, um nicht zur Arbeit zu gehen. Irgend etwas störte ihn. Er dachte darüber nach, bis ihm einfiel, was es war. Es war zu still. In der Küche klapperte niemand mit dem Geschirr. Er wandte den Kopf zur anderen Seite. Dort lag seine Frau und schlief. Das war merkwürdig. Sonst war sie um diese Zeit in der Küche damit beschäftigt, sein Frühstück herzurichten. Jetzt lag sie reglos, den Rücken ihm zugewandt, unter dem hohen Deckbett.

Sie wird doch nicht tot sein, dachte er. Er fühlte einen ganz schwachen Schreck, sozusagen das Echo eines Schrecks, das ungefähr dem Rest des Gefühls entsprach, das er vor zweiundfünfzig Jahren für sie empfunden hatte. Langsam zog er den linken Arm unter der Decke hervor, streckte die Hand nach dem Rücken neben sich aus und stieß vorsichtig mit dem Zeigefinger in den hellblauen Stoff. Die alte Frau drehte sich so schnell auf den Rücken, als habe sie auf den Anstoß gewartet und gar nicht mehr geschlafen.

Was ist, gibt's heute kein Frühstück?

Die Frau sah kurz zu dem Mann hinüber, erhob sich ächzend und ohne ein Wort zu sagen, zog den Morgenrock über, ging zum Fenster, ließ das Rollo hochschnappen und verließ den Schlafraum. Er hörte sie ins Bad gehen. Sie hatte die Angewohnheit, die Badezimmertür hinter sich zu verriegeln, und der Riegel war lange nicht geölt worden.

Dann rumorte sie in der Küche. Zufrieden hörte der Mann, wie der Strahl dumpf auf den Boden des leeren Wasserkessels polterte. Sie hätte das Fenster aufmachen können, dachte er. Hier drin ist es gräßlich warm.

Er stand auf, nahm die Wattepfropfen aus den Ohren, suchte nach seinen Pantoffeln und schlurfte zum Fenster. Das Fenster war klein und niedrig. Er zog die Vorhänge beiseite, öffnete beide Fensterflügel und lehnte sich mit den Schultern an das Fensterkreuz. Er schloß die Augen und fühlte die warme Morgensonne auf seinem Rücken und im Halsausschnitt des Schlafanzuges.

Ist doch was anderes, dachte er, und meinte die sonnige Morgenluft im Vergleich zu der warmen, abgestandenen Luft des Schlafzimmers.

Er öffnete die Augen, wandte sich um und sah hinaus in den Garten. Schon jetzt flirrte das Licht unter den Apfelbäumen. In den Johannisbeerbüschen, die den Weg hinunter zum Wasser säumten, waren Gartenrotschwänzchen damit beschäftigt, ihre Jungen zu füttern. Am Ende des Gartens lag still und glitzernd der Fluß. Auf dem Bootssteg stand zusammengefaltet und an einen Pfahl gelehnt, der Anglersitz. Sein Blick fiel auf den Schuppen.

Ich werde ihn abreißen, dachte er, wie jeden Morgen. Wozu brauchen wir das Ding.

Aber auch der Gedanke, den Schuppen abzureißen, war nur noch der klägliche Widerhall des wütenden Vorsatzes, den er gefaßt hatte, als seine Frau beschloß, daß der Schuppen ihr gehören sollte. Er wandte sich vom Fenster ab und begann, sich anzukleiden.

Die Frau hatte das Frühstücksgeschirr nach draußen getragen. An der Grenze zum Nachbargrundstück stand eine zwei Meter hohe Taxushekke, die gleichzeitig die Rückwand einer Gartenlaube war. Die Seitenwände wurden ebenfalls aus Taxushecken gebildet. Eine ähnliche Laube befand sich auf der anderen Seite des Grundstücks, an der Grenze zum gegenüberliegenden Nachbarn. Um die beiden Lauben, die das Kaffeetrinken sowohl in der Morgensonne als auch in der Nachmittagssonne möglich machten, wurden sie von den Nachbarn beneidet. Dabei waren sie zufällig entstanden, als Abpflanzungen für Holzstapel und ein Hühnerhäuschen, das längst verschwunden war. Sie hatten die Abpflanzung gleichzeitig mit der Hecke gesetzt, vor vierzig Jahren, als noch niemand über Gartenlauben für vormittags und nachmittags nachdachte, sondern nur darüber, wie jeder Quadratzentimeter Garten genutzt werden könnte, um etwas Nützliches darauf zu produzieren.

Etwas später kam der alte Mann im Trainingsanzug aus dem Haus und ging zur Gartenpforte. Während er die Zeitung vom Zaun nahm, sah er nach rechts und links, den Kiesweg vor dem Grundstück hinunter. Der Weg war leer. Zufrieden wandte der Alte sich ab. Dann blieb er noch einmal stehen. Es riecht merkwürdig, dachte er. Als ob irgendwo etwas gebrannt hätte.

In der Morgenlaube hatte die Frau den Frühstückstisch gedeckt. Sie hatte den Morgenrock ausgezogen und trug jetzt eine schwarz-bunte Kittelschürze, deren Bänder sie zweimal um den Leib gewickelt und auf dem Bauch zu einer Schleife zusammengebunden hatte.

Während sie Kaffee einschenkte, fragte sie:

Was wirst du heute vormittag machen?

Sie fragte das jeden Morgen, obwohl sie die Antworten kannte. Heute war Angelwetter. Er würde zuerst auf den Steg gehen, dann einen Rundgang durch das Schrebergartengelände antreten, danach fragen, ob es etwas einzuholen gäbe, und sich im Garten beschäftigen, bis um zwölf das Mittagessen auf dem Tisch stand.

Ich geh auf den Steg, sagte er.

Du kannst dir Zeit lassen, sagte sie. Ich will heute selbst einholen gehen. Ich hab gestern im Anzeigenblatt gelesen, daß sie Fleisch im Sonderangebot haben. Ich seh mir das an. Wenn es was taugt, bestelle ich, und du kannst es heute nachmittag abholen.

Während sie sprach, hatte er begonnen, die Zeitung aufzuschlagen. Er tat so, als höre er gar nicht zu. Aber sie wußte, er hatte jedes Wort gehört und verstanden. Seine Ohren waren in Ordnung. Er hörte immer ganz genau auf das, was sie sagte. Manchmal hatte sie das Gefühl, er höre so aufmerksam zu, als erwarte er, etwas ganz Bestimmtes von ihr zu hören, irgend etwas, von dem sie nicht genau wußte, was es sein könnte. Nur daß sie es niemals sagen würde, das wußte sie, obwohl sie auch darüber eigentlich nicht mehr nachdachte. Sie sah hinaus in den Garten. Im Schuppen würde es heute sehr warm werden. Die Sonne lag schon jetzt auf dem flachen Teerdach. In ein paar Stunden würde sie dort senkrecht stehen. Dann waren im Schuppen mindestens fünfzig Grad.

Ich werde ihn einfach mit Wasser besprengen, dachte sie. Der Staub kann sowieso mal runter. Ich muß ihr bloß vorher Bescheid sagen.

Sie stand auf und räumte das Kaffeegeschirr zusammen. An der Gartenpforte radelte eine ältere Frau vorüber, einen Einkaufskorb am Lenker. Sie sah über die Pforte und klingelte zur Begrüßung. Das Schrillen der Fahrradklingel war das erste kräftige Geräusch an diesem Morgen. Der alte Mann legte die Zeitung beiseite. Zum Frühstück las er nur die erste und zweite Seite und die Todesanzeigen. Den Rest las er zwischen Mittagessen und Nachmittagsschlaf.

Du solltest den Sonnenschirm unten aufstellen, sagte die Frau, während sie sich mit dem Tablett zum Gehen wandte. Oder nimm wenigstens deinen Hut.

Ohne zu antworten, ging der alte Mann in die Nachmittagslaube. Er setzte den Strohhut auf, der dort auf dem Tisch gelegen hatte, und ging hinunter zum Wasser.

Die Frau hatte sich beeilt, das Geschirr abzuwaschen. Jetzt ging sie ins Schlafzimmer und stand vor dem Kleiderschrank. Die kleinen ovalen Spiegel an den Vorderfronten der Schranktüren waren zu hoch für sie. Sie konnte ihr Gesicht nur noch bis zu den Augen darin sehen. Als sie heirateten, war das anders gewesen. Sie öffnete eine Schranktür und sah prüfend über die Kleider. Sie wollte gut angezogen sein, wenn sie aus dem Haus ging. Aber sie durfte sich nicht zu fein machen, weil er sich sonst wundern würde, weshalb sie aufgetakelt zum Schlachter ging. Sie nahm ein dunkelbraunes, durchsichtiges Kleid mit weißen Punkten und einem weißen Kragen hervor. Als sie das schmale Unterkleid anzog, mußte sie die Arme nach oben recken. Sie spürte, wie ihre Schultern schmerzten.

Die Schultern und die Knie, dachte sie, sonst ist eigentlich alles noch brauchbar.

Vor dem Spiegel, der neben dem Fenster hing, kämmte sie sich, eine schmale, kleine Person mit grauen Haaren, in einem gepunkteten braunen Kleid mit weißem Kragen. Ganz nett, eigentlich. Und trotzdem hatte sie keine Lust, sich zuzulächeln. Sie ging an den Nachttisch, der an ihrer Seite des Bettes stand, und nahm einen Briefumschlag aus der Schublade. Nachdem sie ein paar Scheine aus dem Umschlag geholt hatte, schob sie ihn wieder unter die sorgfältig gebügelten und gefalteten

Taschentücher und schloß die Schublade. Der Morgenrock hing noch in der Küche. Sie nahm die Scheine aus der Tasche, legte sie zu den anderen und zählte. Tausend Mark, das mußte fürs erste reichen. Sie steckte das Geld in die Handtasche, die im Flur an der Garderobe hing, ging noch einmal in die Küche und stellte einen Teller mit belegten Broten zurecht. Dann verließ sie das Haus. Bevor sie auch den Garten verließ, legte sie sorgfältig die hölzernen Fensterläden vor das offene Küchenfenster, um die Sonne auszusperren.

Beyer, der Polizist. Unrasiert und einsam. Frühaufsteher mit der Aussicht auf einen langen Tag.

Beyer stand im Bad vor dem Spiegel und begann, sich zu rasieren. Er war unschlüssig: Sollte er die Gedanken wieder aufnehmen, die er vor dem Einschlafen gehabt hatte, oder sollte er sich auf die bevorstehende Besprechung konzentrieren? Er hatte den Eindruck, daß ihm weder das eine noch das andere richtig gelingen würde, deshalb ließ er seinen Gedanken noch ein wenig Auslauf. Manchmal war auch das ganz produktiv. Beyer hatte sich angewöhnt, alle seine Handlungen unter dem Gesichtspunkt von Produktivität und Effektivität zu betrachten und zu kontrollieren. Er war jung, intelligent, sah gut aus – blond und fast ein wenig mädchenhaft –, und er war dabei, eine großartige Karriere bei der Polizei zu machen. Genau die Karriere übrigens, die seine Freundin Bella ihm vorausgesagt hatte.

Bella Block – während Beyer den Rasierapparat reinigte, dachte er an sie. Mit der Karriere hatte seine ehemalige Kollegin recht gehabt. Aber sie hatte auch behauptet, daß er dabei seinen stumpfsinnigen Kollegen immer ähnlicher werden würde. Beyer betrachtete sich kurz im Spiegel und fand, daß sie mit dieser Prophezeiung unrecht gehabt hatte. Während Beyer sich abtrocknete, er hatte kalt geduscht – eine Angewohnheit, die er erst in der letzten Zeit angenommen hatte, weil er fand, daß er dann morgens bei der Arbeit aktiver wirkte –, dachte er darüber nach, wann er Bella zuletzt gesehen hatte. Gesehen oder angefaßt, dachte er, und verdrängte den Gedanken schnell wieder. Er hatte sie noch ein paarmal gesehen, seit sie diese vollkommen verrückte Affäre in Moskau gehabt hatte. Er fand, daß sie kaputt wiedergekommen war. Sie dagegen hatte den Zustand, in dem sie sich befand, geheilt genannt. Bei so vollkommen unterschiedlichen Ansichten war es immer schwerer geworden, die Gemeinsamkeiten wiederzufinden, die sie am Anfang gehabt hatten. Und dann war diese Sache passiert – verdammt, er hatte nicht mehr daran denken wollen. Beyer warf das Handtuch in die Badewanne und verließ das Bad, um sich anzuziehen. Es war zu spät, um noch zu frühstücken, obwohl er eigentlich rechtzeitig aufgestanden war.

Irgend etwas stimmt nicht mit diesem Tag, dachte er. Es ist so, als hätte der Tag kein Gleichgewicht, als würde er irgendwann umkippen. Umkippen war nicht das richtige Wort –

Beyer hinterließ in der Wohnung das Freitagschaos. Am Freitag kam die Putzfrau. Sie arbeitete so lange, bis die Wohnung aufgeräumt und gesäubert, der Kühlschrank gefüllt und die Wäsche aus der Wäscherei geholt und einsortiert war. Aus irgendeinem Grund hatte er den Eindruck, die Putzfrau sei für jede zusätzliche Arbeit dankbar, weshalb er, der eigentlich ziemlich ordentlich war, sich bemühte, donnerstags und freitags besonders unordentlich zu sein. Während er die Treppe hinunterlief, ärgerte er sich über den Dreck im Treppenhaus, beschloß, später die Hausverwaltung anzurufen, um sich zu beschweren, und begann dann, seine Gedanken auf die Besprechung zu richten, die für sieben Uhr angesetzt war. Und plötzlich schien es ihm so, als könnte dieser Tag doch ein völlig normaler Tag werden.

Der Raum, den Beyer für die Zusammenkunft vorgesehen hatte, war nicht zu benutzen. Er wurde gerade ausgeräumt, weil er renoviert werden sollte. Beyer telefonierte ein bißchen herum, während sich die Kollegen vor der Tür sammelten. Schließlich, nachdem er das Versprechen abgegeben hatte, daß sie nicht mehr als eine Stunde zusammensitzen würden, bekam er die Erlaubnis, sich oben in der Presseabteilung niederzulassen. Aus irgendeinem Grund wurden die Kollegen dort erst gegen neun erwartet. Während seine Leute Stühle suchten und sich im Halbkreis in der Mitte des langen Raumes niederließen, sah Beyer sich um. Die übliche Schreibtisch-Blumentopf-Atmosphäre. Die hohen Kollegen von der Öffentlichkeitsarbeit hatten auch keinen besseren Geschmack als alle anderen. Eher einen schlechteren. Sein Blick fiel auf die fast nackten Mädchen an den Wänden, die üblichen Poster, die die Kollegen geil fanden. Er wunderte sich ein bißchen, daß diese Dinger hier hingen, in einem Raum, der der Öffentlichkeit zugänglich war.

Besonders sensibel sind sie nicht, dachte er.

Das war auch etwas, was Bella immer behauptet hatte – Polizisten und Zuhälter ähneln einander, je länger sie miteinander zu tun haben. Gewalt ist die einzige Sprache, die beide verstehen und die sie beherrschen. Sie haben die Gewalt zur Grundlage ihrer Existenz gemacht.

Er wunderte sich, daß ihm plötzlich so genau wieder einfiel, was Bella an ihrem letzten gemeinsamen Abend gesagt hatte. Nur wegen dieser dämlichen Plakate an den Wänden. Als die Tür noch einmal geöffnet wurde und Kohlau hereinkam, vergaß er Bella. Er war erstaunt und innerlich verärgert. Er fand es völlig überflüssig, daß der Chef hier auftauchte. Seine Einsatzgruppe konnte völlig selbständig operieren. Er hatte den Plan, den sie gleich besprechen würden, ohne die wichtigtuerischen Ratschläge Kohlaus entworfen und war davon überzeugt, daß er gut war. Er selbst hatte auch die, wie er fand, besonders gute Idee gehabt, einen Kollegen der für das Einsatzgebiet zuständigen Revierwache an der Besprechung teilnehmen zu lassen. Immer wieder hatte es in der letzten Zeit Probleme bei Einsätzen gegeben, weil die zuständigen Revierbeamten nur oberflächlich (manchmal auch gar nicht) über Sondereinsätze informiert worden waren. Es war vorgekommen, daß besonders eifrige Streifengänger Kleindealer verhaftet hatten, die als Lockvögel arbeiteten, bevor die überhaupt wirksam tätig geworden waren. Der Gedanke, Revierbeamte zur Einsatzbesprechung hinzuzuziehen, lag nahe, wurde aber bisher nicht praktiziert. Und wenn er diesen fetten, halbschlafenden Schlappsack dahinten in der Ecke ansah, kamen auch Beyer ernsthafte Zweifel an der Effizienz seines Versuchs. Aber das war eine Sache, über die hinterher in der Gruppe diskutiert werden würde. Er hatte keine Lust, jetzt, während der Besprechung, eine lange Debatte mit Kohlau darüber anzufangen.

Wider Erwarten verhielt Kohlau sich jedoch ruhig. Er nickte sogar hin und wieder anerkennend, was in der Hierarchie Geübte dazu veranlassen mochte, darüber nachzudenken, ob für Beyer tatsächlich schon jetzt die nächste Beförderung anstand. Der einzige, der während der Besprechung störte, und zwar durch lautes, anhaltendes Schnarchen, war der Kollege vom Revier. Der Mann war von der Nachtschicht im Streifenwagen direkt zur Besprechung abkommandiert worden. Seine Anwesenheit war nicht umsonst, denn ihm war trotz aller Müdigkeit eine eindrucksvolle Beschreibung des Brandanschlages auf den Bordellwagen entlockt worden. Danach allerdings waren alle seine Kräfte aufgebraucht, und Beyer schickte ihn ins Bett, bevor er schnarchend vom Stuhl fallen konnte.

Beyer faßte noch einmal zusammen:
Ziel 1 (Hauptaufgabe): Sorgfältige Überwachung aller größeren Industrie- oder Lagerhöfe rechts und links der Süderstraße. Es bestand die Aussicht, dort eine größere Drogensendung zu beschlagnahmen.

Sie hatten Grund zu der Annahme, daß eine Gruppe von Zuhältern die Absicht hatte, groß in das Drogengeschäft einzusteigen. Der amerikanische Markt war gesättigt. US-Drogenhändler waren schon seit längerem auf der Suche nach Expansionsmöglichkeiten in Europa. In der Auswahl ihrer Handelspartner waren die Amerikaner relativ nachlässig, weil sie nicht das Risiko einer eventuellen Verhaftung trugen. Und Stoff gab es genug – Verluste solcher Art waren zu verschmerzen. Für Hamburger Zuhälter war das Geschäft nun doch vielleicht eine Nummer zu groß – und so konnte sich Beyer, nachdem er gewisse Einzelheiten erfahren hatte, eine Chance für einen spektakulären Erfolg ausrechnen.

Ziel 2: Festnahme eines Mannes, von dem niemand wußte, wie er aussah.

In der Szene lief das Gerücht um, daß jemand von außerhalb angeheuert worden war, um eine Prostituierte umzubringen. Aus gewissen Andeutungen hatten sie konstruieren können, daß auch in diesem Fall das Gebiet um die Süderstraße als Aktionsbereich angenommen werden konnte.

Ziel 3: Festnahme eines Mannes mit Auto, der als gefährlich galt, weil er Frauen quälte. Er bevorzugte den Autostrich an der Süderstraße.

In diesem Fall hatten sie, dank der Mitarbeit mehrerer Prostituierter, eine genaue Personenbeschreibung. Die Schwierigkeit war allerdings, daß der Kerl jedesmal ein anderes Auto fuhr.

Während Beyer das Einsatzgebiet noch einmal auf der Karte umriß und genau die Punkte bezeichnete, von denen aus seine Leute ab vierzehn Uhr langsam einsickern sollten, waren seine Gedanken nicht bei der Sache.

Die Öffentlichkeit war zur Zeit sehr aufgebracht. Die Fixer kippten um wie die Fliegen. Kaum ein Tag verging, an dem nicht jemand tot in irgendeiner Absteige, auf irgendeinem Klo oder in irgendeinem Hauseingang gefunden wurde. Es war einfach gewesen, die Abhörerlaubnis zu bekommen. An dem Morgen, als Beyer sich beim Richter den Zettel abholte, war ein Fixer tot auf der Toilette des Arbeitsamtes gefunden worden. Aus unerfindlichen Gründen war der Richter über diesen Fundort besonders empört gewesen. Beyer hatte sich auf keine Diskussion eingelassen. Diese Leute gingen ihm auf die Nerven. Bei einer der letzten Razzien hatten sie in verschiedenen Bordellen drei Richter bei ihren Vergnügungen gestört. Alle drei Frauen, mit denen die Herren gerade zu tun gehabt hatten, nahmen Drogen. Natürlich hatten die Herren Richter das nicht bemerkt.

Aber sie sollten jetzt mit ihrer Sonderkommission DROGEN UND PROSTITUTION möglichst schnelle Erfolge haben.

Hoch lebe die Spießbürger-Doppelmoral, dachte er, während er seine Leute entließ. Er merkte nicht, daß er schon wieder in einen von Bellas Gedankengängen verfallen war.

Nur scheinbar ist der Mann ein lustiges Abenteuer der Natur, in Wirklichkeit ist er das giftigste und gefährlichste Experiment im gesamten Weltbereich.

Bella lag noch im Bett, einen Stapel Bücher neben sich auf dem Fußboden. Sie legte das kleine Büchlein beiseite, in dem sie gerade gelesen hatte. Helene von Druskowitz, 1905. Ihre Mutter hatte ihr das Ding geschickt – sie fand es langweilig. Sie stand auf, zog einen weißen Bademantel an und ging zu den Bücherregalen hinüber. Auf dem Weg dahin gab es zwei Unterbrechungen. Zuerst blieb sie vor dem Spiegel stehen. Wenn eine Frau Mitte fünfzig ist dachte sie, kurze, graue Haare hat, groß und rund ist, und sich obendrein auch noch schön findet, dann lohnt es sich, den Tag mit einem Blick in den Spiegel zu beginnen. Sie lächelte sich zu und ging hinüber an den gläsernen Giebel des Dachzimmers, um einen Blick auf die Elbe zu werfen. Was sie sah, gefiel ihr fast noch besser. Fluß und Himmel waren geradezu unanständig blau. Zwei Barkassen leuchteten in der Morgensonne. Ein hohes weißes Containerschiff fuhr elbabwärts. Sie öffnete das Fenster. Es roch nach Wasser und Teer und Gift – wie immer. Es war warm und windstill.

Vor der Bücherwand blieb sie einen Augenblick stehen und blickte suchend über die bunten Rükken. Ein gelbes – da, sie zog das schmale Buch hervor und hockte sich auf die kleine, bewegliche Treppe vor der Bücherwand.

> Der Mann ist eine biologische Katastrophe: das (männliche) y-Gen ist ein unvollständiges (weibliches) x-Gen, d. h., es hat eine unvollständige Chromosomenstruktur. Mit anderen Worten, der Mann ist eine unvollständige Frau, eine wandelnde Fehlgeburt, die schon im Genstadium verkümmert ist . . . Männlichkeit ist eine Mangelkrankheit, und Männer sind seelische Krüppel.

Sie blätterte weiter.

> Obwohl er ausschließlich physisch existiert, ist der Mann nicht einmal als Zuchtbulle geeignet. Unterstellen wir wenigstens mechanisches Können, über das nur wenige Männer verfügen, so ist der Mann doch vor allem unfähig, eine lustvolle, sinnliche Nummer zu schieben; statt dessen wird er von Schuld- und Schamgefühlen, Lust und Unsicherheit aufgefressen – Gefühlen, die tief in der Natur des Mannes . . .

Bella legte das Buch beiseite. Sie ging noch einmal zurück zum Fenster. Vollkommen ruhig und tiefblau war die Elbe – ein seltener und verlogener Augenblick. Ein Ruderboot tauchte auf, ein Achter mit Steuermann. Deutlich waren die Kommandos des Zwergs mit der Flüstertüte, der am Bug saß, zu hören.

Bella wandte sich ab und stellte das gelbe Buch zurück ins Regal. Valerie Solanas, 1968, Manifest der Gesellschaft zur Vernichtung der Männer. Welche Energieverschwendung, dachte sie. Wieviel Geist und Witz und Kraft hatten die beiden Frauen darauf verwendet, das zu beschreiben, was sie bedrohte. Und wie wenig hatten sie damit verändert. Für Bella gab es Männern gegenüber nur eine einzige angemessene Haltung: Sie waren nicht wichtig. Und mit einer Sache, die nicht wichtig war, hatte sie sich immer nur dann beschäftigt, wenn sie es nicht umgehen konnte.

Sie zog den Bademantel aus und ging unter die Dusche. Als sie das Wasser anstellte, klingelte es an der Haustür. Es war höchstens acht. Sie überlegte einen Augenblick, ob sie hingehen sollte, zog dann aber doch den Bademantel wieder an und ging hinunter. Vielleicht brachte der Postbote einen besonders wichtigen Brief. Sie hätte gern einen bekommen mit einem großen Auftrag.

Sie öffnete die Haustür. Vor der Tür stand nicht der Postbote, sondern eine alte, ihr unbekannte Frau im Sonntagskleid.

Sind Sie Frau Block?

Bella überhörte den deutlich mißbilligenden Unterton. Sie nickte. Daraufhin betrat die Frau, ohne eine Aufforderung abzuwarten, an ihr vorbei, das Haus.

Wo kann ich warten, bis Sie sich angezogen haben, fragte sie, als sie im Hausflur stand. Sie sah unentschlossen auf die Türen.

Belustigt stellte Bella fest, wie froh sie war, daß gestern die Putzfrau dagewesen war. Sie öffnete die Tür zum Büro, bat die Frau, Platz zu nehmen, und verschwand nach oben. Als sie zurückkam – ordentlich mit Jeans und Jackett ausstaffiert – saß die Alte unbeweglich mit nebeneinander gestellten Beinen, die Handtasche mit beiden Händen auf dem Schoß festhaltend, neben dem Schreibtisch.

Ein großer Auftrag wird das nicht, dachte Bella. Wenn es denn überhaupt ein Auftrag wird.

Ohne etwas zu sagen, öffnete die alte Frau die Handtasche, nahm einen Umschlag daraus hervor, zog ein paar Scheine aus dem Umschlag und legte sie vor Bella auf den Schreibtisch.

Das sind Tausend, sagte sie. Ihre Stimme war dünn und fest. Mehr habe ich nicht. Dafür finden Sie den Kerl, der meine Enkelin umbringen will. Es eilt. Wenn die Sache erledigt ist, werde ich versuchen, sie davon abzubringen. Aber das ist dann allein meine Sache.

Ach. Und wovon wollen Sie sie abbringen? Bella fragte belustigt.

Von den Drogen. Und daß sie sich auf die Straße stellt.

Die alte Frau antwortete beiläufig. Das waren Dinge, die Bella nichts angingen.

Ich nehme an, ich soll Ihnen jetzt ein paar Anhaltspunkte geben. Viel weiß ich nicht. Nur –

Moment, sagte Bella. Wer sagt Ihnen, daß ich für Sie arbeiten werde? Ehrlich gesagt –

Nicht?

Die Alte sah Bella an. In den Mundwinkeln hatte sie plötzlich ein hilfloses Zucken. Die ganze Zeit unterwegs hatte sie sich Mut gemacht und im Geist geübt, wie sie in der fremden, ihr unheimlichen Welt der Privatdetektive energisch auftreten und die Frau gewinnen würde, ihr zu helfen. Und nun, beim ersten kleinen Widerstand, brach die sorgfältig geplante Haltung zusammen. Nein. Sie holte tief Luft. Und fing sich tatsächlich wieder.

Ich habe jetzt keine Zeit mehr, einen anderen Detektiv zu suchen, sagte sie fest. Ich muß noch einholen. In zwei Stunden muß ich spätestens wieder zu Hause sein. Dann komme ich heute nicht mehr weg. In meinem Schuppen versteckt sich meine Enkelin. Sie hatte schlechten Umgang. Jetzt haben sie einen Killer auf sie angesetzt, weil sie aussteigen will. Ich glaube nicht, daß er vormittags kommt. Da schlafen diese Leute ja wohl. Was wollen Sie nun genau wissen?

Da schlafen diese Leute ja wohl – mein Gott, was für ein Satz. Irgendeine Sache gibt es immer, die einen davon überzeugt, etwas zu tun, was man eigentlich nicht tun sollte, dachte Bella. Ihr Bedarf an alten Frauen war relativ gering. Was unter anderem damit zusammenhing, daß sie ein zwiespältiges Verhältnis zu ihrer Mutter hatte. Manchmal war dieses Verhältnis so unerträglich, daß sie drauf und dran war, es abzubrechen. Noch immer glaubte ihre Mutter, sie könne sich ungefragt und zu jeder Zeit in Bellas Leben einmischen. Manchmal kam es Bella so vor, als hielte sie die Beziehung nur aus einem einzigen Grund aufrecht: Die Mutter war Kommunistin. Und es interessierte Bella, wie und in welchen Arabesken sich der Untergang dieser Dinosaurier vollziehen würde.

Gut, sagte sie laut, während sie Block und Bleistift zu sich heranzog. Dann erzählen Sie mal.

Mein Mann und ich – er weiß nichts von dem, was vorgeht – wohnen in der Schrebergartenkolonie am Ende der Süderstraße.

Bitte die genaue Adresse, sagte Bella und notierte die Angaben der alten Frau.

Wir wohnen da schon lange, bald nach dem Krieg sind wir – naja, da haben wir das Mädchen aufgezogen. Ihre Mutter war die Tochter meiner Schwester. Mit Kindern hatte sie nichts im Sinn. Die Kleine war ein aufgewecktes Mädchen. Bei uns war sie, bis sie fünfzehn wurde. Dann verschwand sie einfach. Das heißt, so einfach war das doch nicht. Sie blieb abends öfter lange weg. Meinem Mann hat das nicht gepaßt. Er ist streng, wissen Sie.

Die Alte machte eine Pause. Bella sah ihrem Gesicht an, daß sie sich an einige der unzähligen Gelegenheiten erinnerte, bei denen ihr Mann seine Strenge bewiesen hatte. Ihr Gesicht nahm einen verächtlichen Ausdruck an. Es war klar, wie sie über die Strenge ihres Mannes dachte.

Er ist streng, weil er nichts zu sagen hat. Er hat keine Grundsätze, keine Überzeugung, nichts. Er ist ein Waschlappen. Er denkt, wenn er sich aufspielt, merkt es niemand.

Die letzten Sätze hatte sie leise vor sich hingesprochen und dabei auf ihre Hände gesehen, die noch immer den Bügel der Handtasche auf ihrem Schoß umklammert hielten. Nun sah sie hoch. Entschuldigung.

Bitte, verzeihen Sie meine Neugier, sagte Bella. Aber weshalb leben Sie mit einem Mann zusammen, den Sie verurteilen?

Liebe, vermutlich. Die alte Frau antwortete achselzuckend.

Hätte ich mir denken können, dachte Bella, was denn sonst.

Am liebsten hätte sie angefangen, mit der Alten darüber zu diskutieren, daß diese sogenannte Liebe unter anderem dazu erfunden worden war, alten Männern einen umsorgten Lebensabend zu garantieren. Rechtzeitig fiel ihr ein, daß die Frau nicht deshalb zu ihr gekommen war.

Jedenfalls gab es Krach. Und dann ist sie einfach weggeblieben. Sie hat mich noch ein paarmal angerufen. Da hat sie erzählt, daß sie in einer Bar arbeitet und viel Geld verdient. Und dann haben wir nichts mehr von ihr gehört.

Wann war das, fragte Bella.

Das war vor fünfzehn Jahren, sagte die alte Frau schnell.

Vor fünfzehn Jahren, wiederholte Bella gedehnt. Wie wollen Sie da wissen, welchen Umgang Ihre Enkelin hatte?

Wir haben sie gesehen. Einmal wir beide. Mein Mann – auf dem Autostrich an der Süderstraße. Schöne Mädchen stehen da, sagte sie bitter. Vor drei Jahren, wir sind spät nach Hause gekommen. Mein Mann ist nie wieder dort lang gegangen. Er macht jedesmal einen Bogen um die Gegend. Ich bin ein paarmal heimlich hin. Ich habe sie nicht angesprochen. Ich glaube, sie hätte das nicht gewollt.

Hören Sie, sagte Bella. Ich muß Ihnen etwas sagen.

Sie ärgerte sich plötzlich, daß sie sich auf diese Kleinbürgergeschichte eingelassen hatte. Es roch nach Moral und Mief und behäkelten Klorollen.

Sie haben vorhin von Grundsätzen gesprochen und darüber, daß Ihr Mann keine hat. Ich habe welche. Ich kann mir ein oder zwei Grundsätze leisten, seit ich den Polizeidienst aufgegeben habe. Einer dieser Grundsätze heißt nun zufällig: Arbeite nie für Prostituierte. Und ich sage Ihnen auch, weshalb. Wenn es hart auf hart kommt, erklären die Damen, daß sie es eigentlich gar nicht so schlimm gewollt hätten – wegen der Liebe, wissen Sie. Die lieben nämlich immer irgendeinen, der sie gerade verdroschen oder beklaut hat.

Ja, sagte die Alte ruhig. Genau wie Ehefrauen.

Bella war verblüfft. Zum zweiten Mal hatte die Frau sie mit einem kurzen Satz für sich eingenommen.

Gut, sagte sie lächelnd. Wenn wir uns in dieser Frage einig sind – Sie sagten, Ihre Enkelin habe Sie aufgesucht?

Ja, heute nacht. Mein Mann hörte nichts. Er – sie hat an die Tür geklopft. Ich habe sie im Schuppen versteckt. Sie hat mir tausend Mark gegeben. Ich sollte in die – hier, sie öffnete die Handtasche, suchte und fand nicht, was sie suchte. Ist ja auch egal. Ich sollte Drogen kaufen.

Das sollen Sie für sie tun?

Sie sehen doch, daß ich jetzt hier bin.

Und das Geld?

Das ist jetzt auch hier.

Sie werden Ärger mit Ihrer Enkelin bekommen, sagte Bella. Sie wird den Stoff bald brauchen.

Kann schon sein, sagte die alte Frau. Aber noch dringender muß sie vor diesem Kerl beschützt werden. Sie hat Angst. Sie haben einen auf sie angesetzt. Wenn Sie ihn nicht vorher fassen, wird er sie bei uns finden. In der letzten Nacht ist einer der Wohnwagen in der Nähe angezündet worden. Als Warnung, denke ich.

Sie wissen vermutlich weder, wie der Mann aussieht, noch sonst irgend etwas Brauchbares, oder?

Nein, ich weiß nichts. Ihr Zuhälter heißt Ben.

Kann der Kerl Ihre Adresse haben? Ach, lassen Sie nur, sagte Bella schnell.

Die alte Frau sah plötzlich sehr müde aus.

Gehen Sie jetzt nach Hause. Ich werd mich ein bißchen umhören. Das Geld nehmen Sie am besten wieder mit. Wenn ich Erfolg habe, bekommen Sie eine Rechnung.

Bella erhob sich, und auch die alte Frau stand auf. Bella gab ihr das Geld, das sie sorgfältig gefaltet in die Handtasche legte. Bella begleitete die Frau zur Tür. Sie sah ihr einen Augenblick nach. Ihr Rücken war schmal, und ihr gepunktetes Kleid leuchtete in der Morgensonne.

Bella nahm die Zeitungen aus dem Kasten an der Haustür und die Brötchen vom Türgriff. Für den Postboten war es noch zu früh – kurz vor neun. Sie ging in die Küche, setzte die Kaffeemaschine in Gang und stellte die Frühstücksutensilien auf ein Tablett. Als der Kaffee fertig war, trug sie ihr Frühstück auf den Schreibtisch. Dann fiel ihr ein, daß es vielleicht ganz nützlich wäre, Beyer anzurufen. Sie kannte die Gegend, die die alte Frau ihr beschrieben hatte. Industriegebiet, dazwischen ein paar Imbißbuden, Spielsalons und Kneipen. Die Frauen, die da standen und auf die Freier im Auto warteten, hatten sich eine gefährliche Gegend ausgesucht. Es gab einen ständigen Kleinkrieg in der Szene. Einzelne Zuhälter gegeneinander, Zuhälter gegen Huren, denen bewiesen werden mußte, wie stark sie waren, brutale Freier – aber ein Killer, der gezielt nach einer Frau suchte, war doch ungewöhnlich. Vielleicht wußte Beyer etwas über Klimaveränderungen.

Sie rief Beyer noch vor dem Frühstück an. Er war sofort am Telefon. Seine Stimme brachte eine winzige Gänsehaut auf die Innenseiten ihrer Oberschenkel. Sie bemerkte es erstaunt. Ihre letzte

Begegnung war nicht dazu geeignet gewesen, Gefühle positiver Art bestehen zu lassen.

Es scheint, als müßte ich mich nach einem Mann umsehen, dachte Bella, während sie ein paar belanglose Worte mit Beyer wechselte. Dann schnitt sie das Thema Süderstraße an.

Beyer reagierte aufgeregt, was Bella nicht verstand, und bestand darauf, sich sofort mit ihr zu treffen. Bella hatte keine Lust dazu. Da er am Telefon nicht zu irgendwelchen Auskünften bereit war, blieb ihr jedoch nichts anderes übrig, als zuzustimmen. Während sie noch über einen geeigneten Treffpunkt nachdachte, sagte er hastig: Ich bin gleich da, und legte auf. Bella hatte keine Lust, ihn in ihrem Haus zu haben. Na gut, dachte sie, erstmal eine Tasse Kaffee.

Während sie frühstückte, blätterte sie in den Zeitungen. Eine Bundestagsabgeordnete der Grünen erklärte öffentlich, sie habe bisher nicht gewußt, daß Prostitution ein Ausdruck männlicher Bedürfnisse sei. Bella dachte einen Augenblick darüber nach, wie dämlich Frauen eigentlich sein durften, die für Frauenpolitik zuständig waren. Dann las sie weiter. In Leipzig hatte ein westdeutscher Journalist westdeutsche Zuhälter dabei beobachtet, wie sie billiges Ostfleisch einkauften. In Hamburg waren Frauen, die aus der DDR übergesiedelt und im Hafen auf einem Wohnschiff untergebracht waren, von Prostituierten verdroschen worden. Sie hatten geglaubt, sie könnten sich vor dem Wohnschiff aufstellen und es den West-Frauen nachmachen. In der DDR hatten ehemalige SED-

Angehörige dem Ehepaar Honecker die Scheiben eingeworfen. Die Morgenpost meldete den 61. Drogentoten innerhalb von sechs Monaten. Versteckt in einem Text über Pina Bausch fand sie ein paar Gedichtzeilen:

> Mich wundert nicht, daß einer stirbt
> vor des Geliebten Zelt – mich wun-
> dert nur, wenn einer liebt und sich am
> Leben hält.

Die Verfasserin war nicht angegeben. Das fand sie ärgerlich.

Als es klingelte, wunderte sie sich einen Augenblick, bis ihr einfiel, daß Beyer keinen Schlüssel mehr hatte. Sie öffnete ihm die Tür und bat ihn ins Büro. Er setzte sich vor den Schreibtisch, sie dahinter. Sie saßen da und sahen sich an.

Er wird erwachsen, dachte sie. Er sieht aus, als sei er dabei, Karriere zu machen. Wie nennt man das bloß, richtig: kraftvoll-elegant. Das hatte sie vor zehn Minuten in einer ganzseitigen Herrenmode-Anzeige gelesen. Die Zeitung lag noch neben ihr. Sie widerstand der Versuchung, die entsprechende Seite aufzuschlagen und ein paar vergleichende Blicke anzustellen.

Bella Block, dachte Beyer, liebt junge Polizisten, alte Dichter, kriminelle Taxifahrer – sitzt da in der Morgensonne, nicht mehr ganz frisch, und tut so, als sei sie die Direktorin eines evangelischen Mädchengymnasiums.

Du wolltest mich sprechen, sagte Beyer.

Nein. Ich wollte eine kleine Auskunft am Telefon.

Hör mal, sagte Beyer, ich weiß nicht, was du in der Süderstraße zu tun hast, aber bevor wir anfangen zu reden, sage ich dir lieber gleich, daß du dort im Augenblick nichts zu suchen hast.

Mach dich nicht lächerlich.

Bella stand auf, ging in die Küche und kam mit einer beschlagenen Wodkaflasche und zwei Gläsern zurück. Sie mußte etwas tun, um das geschniegelte Männchen vor sich erträglicher zu machen.

Für mich nicht, ich bin im Dienst.

Oh, sagte Bella, das ist ja ganz was Neues.

Sie stellte die Flasche und die Gläser zur Seite, setzte sich und sah Beyer aufmerksam an.

Hör zu, sagte sie dann sachlich. Hältst du es für möglich, daß Hamburger Zuhälter Killer anheuern, um irgendein Mädchen zu erledigen?

Wenn die Frau genug weiß und viel einbringt, weshalb nicht? Hat sich vielleicht inzwischen bis in die Provinz rumgesprochen, daß das eine gute Methode ist, unliebsame Zeugen loszuwerden. Ein besseres Alibi kann man doch gar nicht haben. Da kommt einer, niemand kennt ihn, erledigt die Arbeit, verschwindet wieder, und niemand weiß, wohin. Ich wüßte gern, woher du von dem Kerl weißt.

Das heißt, es gibt ihn tatsächlich. Ach, mich hat heute früh eine Frau angerufen, die eine wilde Geschichte erzählt hat. Sie will –

Was für eine Geschichte? Von wo hat die Frau angerufen? Name? Adresse?

Also, nun hör mal, mein Lieber. Ich versuchte gerade, dir zu sagen, daß sie noch einmal anrufen will. Bisher weiß ich nichts. Ich könnte dich informieren, wenn ich mehr weiß. Falls du mir entgegenkommst. Was ist los? Warum bist du so aufgeregt?

Beyer lehnte sich im Stuhl zurück.

Taxifahrer hin, Polizisten her, dachte er. Ich vertraue ihr einfach immer noch. Sie ist zwar ein bißchen verrückt, aber sie würde mir nie schaden wollen. Seine Haltung entspannte sich. Als er in Bellas Augen ein kleines, belustigtes Lächeln sah, machte er wieder ein offizielles Gesicht.

Seit ein paar Wochen leite ich eine Sonderkommission. Drogen und Prostitution.

Bock und Gärtner, dachte Bella, sagte aber nichts.

Sechzig Drogentote bisher –

Einundsechzig, stand gerade in der Zeitung, warf Bella ein.

Einundsechzig. Wir haben Anzeichen, daß ein paar Zuhälter groß ins Geschäft einsteigen wollen. Anscheinend soll das Industriegebiet um die Süderstraße als Umschlagplatz dienen. Wir wissen nicht, ob das Zeug per LKW oder per Kahn über die Bille eingeschleust wird. Wir wissen nur, daß möglicherweise heute die erste Ladung kommt. Es ist unsere Absicht, ab heute mittag in einer großangelegten Aktion in das Gebiet einzusickern.

Ach Gott, sagte Bella. Sie kannte diese Aktionen.

Ich leite die Soko, sagte Beyer. Vielleicht wirst du mir ja zutrauen, intelligenter vorzugehen.

Es hängt viel für dich davon ab, daß die Sache gelingt, antwortete sie. Der Aufstieg in die nächste Etage. Du wirst schon keine Fehler machen.

Und du wirst mir nicht dazwischen funken.

Was ist mit dem Killer. Wenn ich es recht verstehe, hat der doch in dieser ganzen Geschichte überhaupt nichts zu suchen?

Wir haben in der Szene irgend etwas gehört. Es war nicht viel. Aber es könnte sein, daß einer der Zuhälter jemanden angeheuert hat. Ich kann eine Leiche aus einem Privatkrieg im Augenblick überhaupt nicht gebrauchen. Meine Leute sind angewiesen –

Weißt du den Namen dieses Zuhälters?

Bella fragte, obwohl sie die Antwort zu kennen glaubte. Sie fing an, sich zu langweilen. Es mochte ja sein, daß die Hamburger Polizei annahm, wenn sie ein paar Kilo Heroin oder Koks fand, wäre damit ein Erfolg im Kampf gegen das Rauschgift errungen. Im Polizeihochhaus am Berliner Tor saß ein Haufen Männer, die beschäftigt werden wollten. Einige nutzten offenbar auch die Gelegenheit, an der Spitze von niedlichen, kleinen Räuberbanden, die sie Sonderkommissionen nannten, Karriere zu machen. Die einfache Form dieser Räuber- und Gendarmspiele hatten sie als Jungens zuerst im Sandkasten geübt. Dann waren sie eine Weile zur Schule gegangen, um zu lernen, wie man die Räuber planvoll fängt. Und dann hatte ihnen die bürgerliche (nicht nur die, Bella, dachte sie) Gesellschaft es ermöglicht, ihr Hobby zum Geldverdienen zu nutzen. Was würden sie tun, wenn alle Heroin- und Kokshändler gefangen wären? Sie würden ein paar aus ihrer Gruppe absondern und beauftragen, Räuber zu spielen. Und alles ginge von vorn los.

Ben, glaube ich, sagte Beyer.

Bella antwortete nicht. Sie sah Beyer sinnend an. Nur die Frauen, dachte sie, die passen nicht so richtig ins Konzept. Da ist irgend etwas Ärgerliches, eine Sache, die auch noch erledigt werden muß, obwohl sie Zeit kostet. Und erledigt man sie – am praktischsten ist es natürlich, wenn man sich zu Hause dafür eine hält –, dann wird die ganze Geschichte bald langweilig. Langeweile ist schlecht. Da könnte man auf die Idee kommen, nachdenken zu müssen. Aber man muß ja gar keine Langeweile haben. Es gibt ja noch die anderen Männer. Auch die haben ihre Arbeit, wo sie sich gegenseitig fertigmachen. Und ihre Frauen, bei denen sie Dampf ablassen und sich langweilen. Kollegen im Elend, sozusagen. Und deshalb haben alle Männer zusammen eine wunderschöne Einrichtung geschaffen, damit sie sich erholen können. Nach der Arbeit oder in der Mittagspause oder nachts nach einem Kneipenbummel, wann ihnen eben der Sinn danach steht.

Nach dem Essen sollst du rauchen oder eine Frau gebrauchen. In ihrer einfachen, dummen Sprache hatten sie den Nagel auf den Kopf getroffen. Und dann, dachte sie und spürte, daß sie wütend geworden war, und das Schönste an dieser wunderschönen, praktischen Geschichte ist dann noch, daß es Frauen gibt, die der Meinung sind, sie emanzipierten sich, wenn sie den Herren dienen.

Bella zog das Tablett zu sich herüber und schenkte sich ein wenig Wodka ein. Beyers begehrlichen Blick übersah sie.

Ich bin bis zum Nachmittag in meinem Büro, sagte er, als Bella noch immer schwieg. Wenn diese Frau noch einmal anruft, wenn du Näheres erfährst, meine ich, dann sag mir Bescheid.

Ich bin überhaupt nicht sicher, ob sie sich nochmal meldet, antwortete Bella. Aber wenn es etwas Interessantes für dich gibt, rufe ich an.

Sie hatte abschließend gesprochen und erwartet, daß Beyer aufstehen würde. Als er sitzen blieb, sah sie ihn verwundert an.

Bella, sagte er, ich bin ein bißchen nervös. Wenn diese Sache heute abend ein Erfolg wird, dann habe ich einen großen Schritt nach vorn getan –

Nach oben, meinst du, dachte Bella, sagte aber nichts.

Trotzdem, wo ich nun schon mal hier bin. Laß uns reden. Ich habe ziemlich oft über das nachgedacht, was du gesagt hast. Du hast unrecht. Polizisten sind auch nur Menschen.

Ja, sagte sie, das ist ja das Problem, und stand auf.

Und was willst du dann überhaupt?

Auch Beyer war aufgestanden, ziemlich schnell, und seine Stimme war sehr laut geworden.

Bella war ans Fenster gegangen und hatte es geöffnet. Weiche, warme Luft strömte ins Zimmer. Sie blieb mit dem Rücken zu Beyer stehen, beobachtete einen alten Mann, der seinen Hund ausführte, und sagte sanft:

Ich möchte weder einen Zuhälter – und sei es auch nur ein Polizist, der hin und wieder ein paar Mädchen umsonst besucht, sich die richtigen Tips geben und dafür im Sperrgebiet Fünfe gerade sein läßt – noch möchte ich einen Mann, der versucht, mich zu schlagen, nur weil er vom Dienst frustriert ist und ihm meine Bekanntschaften nicht gefallen.

Bella, ich war betrunken. Ich war müde.

Ja, sagte sie. Ihre Stimme war noch immer sanft. Darüber sprachen wir schon. Und nach einer kleinen Pause setzte sie hinzu: Doch bin ich der Überzeugung, daß meine Veranlagung nicht von der Art ist, die dazu bestimmt wäre, einen Mann wie Sie glücklich zu machen. Sie wandte sich ihm zu, lächelte ihn an und sagte: Ich ruf dich an, wenn es etwas Interessantes gibt.

Dann kehrte sie ihm wieder den Rücken zu. Sie dachte an den Abend, als sie diesen Satz von Charlotte Brontë gemeinsam gelesen und die Unabhängigkeit dieser Frau bewundert hatten. Ob Beyer sie verstanden hatte? Wenig später hörte sie am Klappen der Tür, daß er das Haus verlassen hatte.

Bella ging hinüber zu den Bücherregalen und griff nach einem Band mit Liebesgedichten. Sie hielt ihn in der Hand und starrte zweifelnd darauf, als das Telefon klingelte. Es war ihre Mutter. Sie hatte in den Neun-Uhr-Nachrichten von Steinwürfen auf Honecker und Frau gehört, eine Weile darüber nachgedacht und dann beschlossen, ihre Gedanken nicht für sich zu behalten.

Wie findest du das?

Sie trompetete so laut, daß Bella den Hörer vom Ohr weghielt.

Pöbel gibt es überall, sagte Bella gleichmütig. Was regst du dich auf?

Aber im Sozialismus –

Wo?

Die Mutter hatte schon von selbst aufgehört zu sprechen. Es passierte ihr manchmal noch, daß sie vom Sozialismus sprach, wahrscheinlich aus vierzigjähriger Gewohnheit.

Mutter, sagte Bella, ich komm vielleicht heute nachmittag bei dir vorbei. Wir trinken einen Kaffee zusammen. Im Augenblick –

Ich weiß schon, du hast zu tun. Bis dann.

Die Mutter legte den Hörer auf. Bella war erleichtert. Sie hatte weder Zeit noch Lust, jetzt eine lange Diskussion zu führen. Statt dessen nahm sie lieber das Buch noch einmal zur Hand. Seit sie sich von Beyer getrennt hatte, das war vor ein paar Monaten gewesen, bald nachdem sie aus Moskau zurückgekommen war, hatte sie begonnen, über die Sache mit der Liebe ein letztes Mal genauer nachzudenken. Sie war inzwischen fast davon überzeugt, daß es sich dabei um ein geradezu grandioses Betrugsmanöver handelte. Die Liebe war eine Erfindung des 19. Jahrhunderts – ausgedacht zur Domestizierung der Frauen.

Willkürlich schlug sie eine Seite auf.

Jetzt bei der Lampe mildem Schein
Gehst du wohl in dein Kämmerlein
Und schickst dein Nachtgebet zum Herrn,
Auch für den Liebsten in der Fern!

Ja, das war das Muster. Wie langweilig. Sie schlug das Buch zu und sah auf die Uhr. Kurz nach zehn.

Wenn sie wirklich versuchen wollte, die Frau, die im Schuppen des Schrebergartens versteckt war, zu schützen, dann sollte sie sich langsam auf den Weg machen. Sie war sicher, daß der Killer die Frau finden würde. Deshalb war es wichtig, ihm zuvorzukommen. Sie lächelte bei dem Gedanken, daß ihr vermutlich das Vergnügen bevorstand, dabei zuzusehen, wie Beyers Leute einsickerten.

Der alte Mann nahm den Strohhut ab und wischte sich über die Stirn.

Mit dem Angeln kann ich erstmal Schluß machen, dachte er. Jetzt beißen sie nicht mehr. Wieso geht sie zum Schlachter, wenn sie Fisch haben kann? Naja, vielleicht ist er wirklich nicht eßbar.

Er blickte in den blauen Kunststoffeimer, den er neben seinen Klappsitz gestellt hatte. In dem niedrigen Wasser schwammen drei kleine Barsche. Er nahm den Eimer auf, sah aufmerksam hinein und kippte die Fische zurück in den Fluß. Sie glitzerten einen Augenblick in der Sonne, bevor sie ins Wasser fielen. Er stülpte den leeren Eimer um – es war so windstill, daß er ihn auf dem Steg stehenlassen konnte –, legte die Angel auf die Bretter und erhob sich mühsam. Er sah über den ruhigen Fluß bis zur Biegung. Niemand unterwegs. Langsam ging er zurück in den Garten und zum Haus. Natürlich war sie noch nicht wieder da. Er öffnete die Fensterläden, sah auf das belegte Brot, rümpfte die

Nase und legte die Fensterläden wieder an. Es war Zeit für den Rundgang.

Die meisten Gartenhäuser waren nur am Wochenende bewohnt. Außer ihnen gab es nur noch wenige feste Bewohner hier. Fast alle, die nach dem Krieg hier gesiedelt hatten, waren inzwischen in die Stadt gezogen. Der alte Mann traf sich auf seinem Rundgang regelmäßig mit zwei anderen Alten. Sie trafen auf dem Parkplatz an der Straße zusammen, redeten eine Weile, um die Zeit bis zum Mittagessen totzuschlagen, und trennten sich wieder. Heute gab es einen besonderen Gesprächsstoff – das nächtliche Feuer.

Ich kann mir schon denken, weshalb es da gebrannt hat, sagte der alte Mann, nachdem er von dem Feuer gehört hatte und sie alle drei an den Rand des Parkplatzes gegangen waren, um einen Blick über den Zaun zu werfen.

Wird ein unzufriedener Kunde gewesen sein. Wir sollten uns beschweren.

Er sagte es beiläufig, weil jeder wußte, daß sie sich nicht beschweren würden. Die Bordellwagen und die Frauen auf der Süderstraße waren eins ihrer liebsten Gesprächsthemen. Während sie jedoch das Thema Prostitution unter sich mit einer Art wohlwollender Gelassenheit und hin und wieder – nicht sehr oft – auch mit einem Anflug von Geilheit besprachen, schlugen sie in ihren Häusern einen strengen, moralisierenden Ton an, den durchzuhalten eine Anstrengung war. Mit den Frauen wurde das Thema deshalb so wenig wie möglich besprochen.

Sie überquerten langsam den Parkplatz und setzten sich in den Schatten einer Trauerweide.

Heute abend wird es ein Gewitter geben, sagte einer.

Vorn an der Straße gingen drei junge Männer vorüber, die nicht hierher gehörten. Aufmerksam sahen die Alten ihnen nach.

Früher, sagte ein anderer, das Gewitter kommt früher, am Nachmittag.

Mann, gut, daß du es sagst. Ihr sollt heute nachmittag zu uns in den Garten kommen. Meine Olle lädt zum Kaffee ein.

Gibt's außer Kaffee sonst noch was?

Sie lachten. Die gegenseitigen Geburtstagsfeiern waren beliebt. Früher hatte es dabei Bier und Korn in Mengen gegeben, man hatte ein Auge auf die Nachbarsfrau geworfen, die Atmosphäre war immer sehr schnell aufgeladen gewesen mit allen möglichen anregenden Gefühlen und anzüglichen Gesprächen. Spätabends waren sie dann in ihre Gärten und Häuser zurückgekehrt. Und wenn sie nicht zu betrunken gewesen waren, hatten die Frauen nichts zu lachen gehabt. Das war nun schon lange vorbei. Vielleicht waren diese Sommerabende auch in der Erinnerung schöner, als sie in Wirklichkeit gewesen waren.

Es ist zu friedlich, sagte der alte Mann.

Die anderen fragten ihn nicht, was er meinte. Er hätte es auch gar nicht sagen können.

Die drei jungen Männer, die nicht in die Gegend paßten, kamen zurück. Sie bogen in den Gartenweg ein.

De schullt man blieven, wo se sünd.

Er sagte es leise. Wenn er aufgeregt war, sprach er Plattdeutsch.

Is was, Opa?

Einer der Männer rief über die Hecke. Sie konnten den Alten nicht gehört haben. Wahrscheinlich fühlten sie sich durch die aufmerksamen Blicke gestört. Die drei Alten drehten die Köpfe zur Seite. Als sie sich wieder umwandten, waren die Männer hinter der hohen Hecke verschwunden.

Und die Kirschen? Habt ihr jemand zum Abpflücken dies Jahr?

Sie setzten ihr Gespräch fort, als sei nichts geschehen. Und wenn man es genau überlegte, war ja auch nichts geschehen. Es war in der Nacht ein Bordellwagen angezündet worden. Ein paar Männer, die sie noch nie gesehen hatten und die nicht aussahen wie Kleingärtner, waren vorübergegangen. Es war heiß und windstill. In einigen Gartenhäusern kochten die Frauen das Mittagessen.

Die Frau heute früh hatte ihm nicht gefallen. Er hätte sich denken können, daß eine aus dem Spielsalon nicht profimäßig war. Sie war zu eifrig gewesen.

Er klappte die Akte zu, stand vom Schreibtisch auf und zog sein Jackett über. Er würde in die Kantine gehen und einen Kaffee trinken.

Nachher dann nicht mehr, dachte er. Da war sie ziemlich ruhig. Aber auch auf eine unangenehme Art. So jämmerlich. Er hatte es lieber, wenn die

Frauen hart und widerborstig waren. Und wenn sie irgendwann begriffen hatten, daß sie das Spiel verlieren würden, sollten sie das Maul halten.

Er betrat die Kantine. Drüben am Fenster saß eine Kollegin. Er winkte ihr zu, holte sich einen Kaffee vom Tresen und setzte sich zu der Frau an den Tisch.

Was macht die Literatur? Neue Talente entdeckt?

Sie lachte.

Was macht die Musik? Neue Talente entdeckt?

Ach, antwortete er, Sie wissen ja, wie das ist. Kein Geld, der Senat hat keine Zeit, die alternativen Nichtskönner rennen einem die Bude ein und fühlen sich vernachlässigt. Irgendwo in dieser großen Stadt sitzt ein Genie und komponiert vor sich hin, und wir werden es nie erfahren.

Genau, sagte sie. Besser kann man den Zustand nicht beschreiben. Wie hält man das bloß aus?

Während sie sprach, hatte sie aus dem Fenster gesehen. Von oben aus dem zehnten Stock sah die Stadt grün aus und einladend. Er folgte ihrem Blick.

An der Alster liegen, sagte er. Jetzt müßte man an der Alster liegen und den Schwänen zusehen.

Sie sah ihn an, lachte und sagte: Gehn wir doch einfach.

Ich kann nicht.

Er lachte zurück und stand auf.

Ich hab den Schreibtisch voll.

Er sah auf sie herunter. Auf dem rechten Schlüsselbein hatte sie einen Leberfleck, ungefähr in der gleichen Größe wie die Frau heute morgen. Bei der hatte der Fleck etwas tiefer gesessen, zwischen den Brüsten. Er holte tief Luft.

Ich kann wirklich nicht.

Er wandte sich ab und verließ die Kantine. An der Alster nicht, dachte er, während er durch den langen Korridor ging. An der Elbe vielleicht. Er schloß die Tür zu seinem Büro auf, ließ sie hinter sich ins Schloß fallen und stellte sich ans Fenster. Hier oben waren die Fenster nicht zu öffnen. Aus Sicherheitsgründen. Was lächerlich war, denn die Leute sprangen trotzdem. Sie brauchten ja nur auf das Dach zu steigen.

Er würde es heute nachmittag noch einmal versuchen. Dann würde die Frau aus dem Spielsalon bestimmt noch nicht wieder da sein. Er lockerte die Krawatte und öffnete den obersten Hemdknopf. Es war einfach zu warm heute. Außer ihr hatte ihn niemand gesehen. Das war der Vorteil, wenn man sehr früh – es ging nicht. Er würde von zu vielen gesehen werden. Er würde sich etwas anderes einfallen lassen müssen. Er ging an den Schreibtisch, setzte sich und zog einen flachen Ordner zu sich heran.

Kurt Weill: Revolutionär und Kleinbürger.

Er schlug den Ordner auf und las die letzten Sätze noch einmal, bevor er weiterschrieb.

Vor der Tür des Containers, in dem der Spielsalon untergebracht war, saßen zwei junge Frauen auf den eisernen Stufen. Sie hatten die Schuhe ausgezogen und die nackten Füße auf die warmen Stufen gestellt.

Die Tagschicht ist nie pünktlich, sagte die dünne Blonde. Sie hatte das typische Gesicht einer Schwangeren – tiefliegende Augen und blasse Haut, die über den Wangenknochen spannte.

Wenn das Schlafen nicht so anstrengend wäre – ich würde hier nicht sitzen. Bei der Hitze mit diesem Bauch. Ich weiß nicht mehr, wie ich liegen soll.

Und wann heiratet ihr?

Die andere, ein junges Mädchen mit langem blonden Pferdeschwanz, sehr kurzen Hosen und einer zahmen Ratte auf der Schulter, fragte neugierig. Sie hatte nicht die Absicht, ihre Kollegin herauszufordern. Es war nur so, daß Liebe und Heirat ein beliebtes Thema waren, über das sie jederzeit reden mochten.

Er sucht noch eine Wohnung. Mit dem Kind ohne Wohnung, das geht doch nicht. Wenn wir erst eine Wohnung haben, wird geheiratet.

Die Antwort klang nicht sehr zuversichtlich. Beide Frauen schwiegen eine Weile.

Hier stinkt es, sagte die Schwangere.

Sie setzte sich ein paar Stufen höher, direkt vor die Tür. Auf der Straße fuhren LKWs vorbei. Sie dachte kurz an die beiden LKW-Fahrer. Keine schlechten Kunden. Der ältere war ganz nett gewesen. Das Geld hatte sie in das Glas auf der Fensterbank getan, bevor sie schlafen gegangen war. Eigentlich hatte sie keine Lust, in diesem Zustand anschaffen zu gehen. Aber komisch, es gab Männer, die standen auf sowas. Und sie brauchte das Geld dringend.

Ist ja vorbei, sagte sie laut.

Die andere fragte laut: Was?

Stand dann aber auf und ging langsam die Stufen hinunter. Dabei ließ sie die Ratte in den Beutel gleiten, den sie über der Schulter trug. Auf der Straße hatte ein Wagen angehalten, ein dickes Auto. Der Typ hatte schon die Scheibe runtergekurbelt. Die mit dem Pferdeschwanz und den kurzen Hosen beugte sich ins Fenster.

Sieht aus, als ob ein Vater seine Tochter von der Schule abholt, dachte die Schwangere, wie im Kino.

Der Mann öffnete die Wagentür. Die junge Frau stieg ein. Sie winkte kurz durch das offene Fenster, während sie abfuhren. Die Schwangere sah auf die Uhr. Kurz nach elf. Der Laden hätte seit einer halben Stunde geöffnet haben sollen. Sie lehnte den Kopf an die Tür des Containers und schloß die Augen. Wenn es nicht so laut wäre, dachte sie, könnte man sich einbilden, man sitzt im Vorgarten in der Sonne. Oder auf einem Balkon. Eine schöne Wohnung mit Balkon. Das Kind könnte ich rausstellen. Und 'ne Einbauküche. Und ein extra Kinderzimmer. Das muß sein. Und wenn es Geburtstag hat, mit alle Mann zu McDonald.

Sie mußte eingedöst sein – jedenfalls machte sie den Eindruck, als schliefe sie, als die Tagschicht die Treppe heraufkam.

He, du –

Die Schwangere rückte ein Stück und stand dann ächzend auf. Die Tagschicht schloß die Tür auf. Beide Frauen betraten den Container. Drinnen war es heiß. Es roch nach Zigarettenrauch und Bier.

Machste mir 'n Kaffee, fragte die Schwangere, während sie in ihren Taschen nach Kleingeld wühlte.

Die andere nickte nur. Sie verschwand in dem Küchenverschlag und kam nach einer Weile mit zwei Bechern Kaffee zurück. Die Schwangere wandte sich vom Automaten ab.

Morgens ist doch hier sowieso nichts los, sagte die Tagschicht entschuldigend. Sie war mindestens vierzig und hatte hellblond gefärbte Haare, die zu einem hoch sitzenden Pferdeschwanz zusammengebunden waren. In der Küche hatte sie sich einen weißen Overall angezogen. Irgend etwas mit ihren Zähnen war nicht in Ordnung. Sie sah ein bißchen aus wie ein altes, gutmütiges Pferd.

Daß du in diesem Zustand noch unterwegs bist – ich find das nicht in Ordnung.

Wir brauchen das Geld, sagte die Schwangere. Wohnungen sind teuer, heutzutage.

Sag mal, hast du keine Angst, daß dein Macker dich anscheißt?

Die Schwangere lachte. Aber Fred liebt mich doch.

Ach so. Na, wenn das so ist.

Die Tagschicht stand auf und ging zurück in den Küchenverschlag. Sie begann, volle Bierflaschen in den Kühlschrank zu stapeln. Kaltes Bier, das war's, was die Leute heute haben wollten. Wie man so naiv sein konnte.

In der Tür erschienen zwei Arbeiter in blauen Overalls. Die Schwangere stand auf und ging zur Musikbox. Sie drückte ein paar Knöpfe und setzte sich zurück an ihren Tisch. Die Männer hatten sie nur kurz angesehen.

Zwei Bier, rief einer von ihnen, ohne sich umzusehen. Sie versuchten, das Geld für das Bier zu gewinnen.

Jaha, kohommt, rief die Frau aus dem Küchenverschlag mit hoher, eifriger Stimme. Sie stellte das Bier und zwei Gläser auf ein kleines Tablett und tänzelte damit auf die Männer zu. Ohne die Gläser oder die Frau zu beachten, griffen die beiden nach den Flaschen und wandten sich wieder dem Apparat an der Wand zu. Die Tagschicht tänzelte zu der Schwangeren an den Tisch und setzte sich so, daß sie die beiden Männer im Blick hatte.

Furchtbar heiß heute. Sie öffnete den Reißverschluß ein wenig weiter.

Vielleicht sollte ich doch nochmal schlafen, sagte die Schwangere, blieb aber sitzen.

Du hast ja Tränen in den Aa-haugen.

Die Musikbox dröhnte. Die beiden Männer hatten das Bier ausgetrunken und suchten in den Taschen ihrer Overalls nach Kleingeld. Ein kleiner Mann kam hereingestürmt, sah weder nach rechts noch links, lief auf einen der Automaten zu und begann, ihn mit Geld zu füttern.

Wenn du hier sitzen bleiben willst, dann mach mal nicht so ein lahmes Gesicht. Lustig, lustig, Mädchen. Unsere Kunden wollen was zu lachen haben.

Die Tagschicht tänzelte auf den kleinen Mann zu, der selbstvergessen auf die bunten Lampen des Automaten starrte.

He, Kleiner, hier ist kein Wartesaal. Was trinkst du?

Irgendwas, sagte der Kleine, ohne den Blick von den Lampen zu nehmen. Bring mir irgendwas.

Die Arbeiter hatten ein paar Geldstücke auf den Tisch gelegt und waren gegangen. Die Schwangere beschloß, ebenfalls zu gehen. Sie würde noch einmal zu schlafen versuchen. Vielleicht sollte ich was essen, dachte sie, während sie die Stufen hinunterging. Es war Mittag. Die Straße war jetzt nicht mehr so sehr befahren. Stehen alle in den Imbißbuden, jetzt, dachte sie. Egal, warte ich eben.

Sie ging die Straße hinunter. Die erste Imbißbude war so voll, daß sie keine Lust hatte, sich anzustellen. In der nächsten war etwas mehr Platz. Drinnen roch es nach Currywurst, Pommes und Ketchup. Anscheinend war gerade irgend etwas auf dem Grill verkohlt. Es stank jedenfalls entsetzlich, obwohl alle Fenster geöffnet waren. Pommes, rot-weiß würde sie bestellen. Das konnte sie unterwegs in die Hand nehmen. Sie war froh, als sie wieder draußen war. Während des Wartens in der Bude hatte sie ein leichtes Ziehen im Rücken gespürt. Deshalb ging sie nur ein kleines Stück weiter und setzte sich auf eine der Tonnen, die in der Einfahrt zu dem Fabrikgelände standen. Das Ziehen war wieder weg. Die Pommes schmeckten nicht schlecht. Die Sonne war sehr warm. Schweiß sammelte sich in den Achselhöhlen und lief langsam an den Seiten des Oberkörpers hinunter bis zur Taille. Vielleicht kann ich duschen, wenn ich nach Hause komme, dachte sie.

Sie wohnten in einem Hotelzimmer. Die Duschen waren auf dem Gang. Jetzt in der Mittagszeit würde eine Dusche frei sein. Schwerfällig stand sie auf und ging weiter. Es roch unerträglich nach Benzin, und sie war froh, als sie das Hotel erreichte.

Der Portier sah sie komisch an.

Is was? fragte sie, während sie an ihm vorbei zur Treppe wollte.

Wenn du willst, kannst du mit mir in die Küche kommen. Was trinken.

Sie blieb stehen und sah ihn an. Sie wohnten jetzt seit fast einem Jahr in dieser Bude. Es war das erste Mal, daß er sie ansprach. Und dann noch gleich 'ne Einladung.

Mach ich doch glatt, sagte sie müde. Die Pommes hatten sie durstig gemacht.

Muß ja bald soweit sein mit dir, sagte er, während er in die Küche voranging. So, wie du aussiehst.

Sie setzte sich an den Küchentisch. Er ließ die Tür einen Spalt breit offen. So konnte er den Eingang im Auge behalten.

Vielleicht drei Wochen noch, sagte sie, während sie sich umsah. Eine merkwürdige Küche. Überall standen Plastikbeutel herum. Sie konnte nicht erkennen, was drin war. Ein Garderobenständer war da, an dem eine Menge Jacken und Mäntel hingen.

Was er hier wohl sonst noch treibt, dachte sie müde.

Ist doch egal. Im Vorraum kam ein Pärchen die Treppe herunter. Die Küchentür wurde aufgerissen.

He, Meister ...

Es war Fred. Die Frau, die ihm über die Schulter sah, kannte sie nicht.

Bella hatte noch ein wenig herumgetrödelt, bevor sie endlich losgefahren war. Die ganze Sache war nicht nach ihrem Geschmack. Wahrscheinlich war die Frau schon längst aus ihrem Schuppen verschwunden.

Sie hat Angst bekommen, was mit einem Killer auf den Fersen sicher berechtigt war, und hat ihrer Großmutter erzählt, daß sie aussteigen will, damit die sie versteckt.

Wenn die Frau nicht rechtzeitig Stoff bekam, würde sie sich selbst auf den Weg machen. Damit wäre das Problem für Bella gelöst. Eine Frau zu finden, die von Drogen betäubt in irgendeiner Absteige vor sich hindämmert, ist nahezu unmöglich. Bella kam sich vor wie eine überflüssige Figur in einem Spiel, das sie nicht kannte. Es tat ihr leid, daß sie sich auf die ganze Sache eingelassen hatte.

Wahrscheinlich, weil du einen Mutterkomplex hast, Bella Block, dachte sie belustigt. Die kleine Alte in dem gepunkteten Kleid hatte einfach ihr Herz gerührt.

Bella stellte ihren Wagen in ein Parkhaus in der Nähe des Hauptbahnhofes. Sie hatte auf ihren Morgenlauf verzichtet und wollte ein Stück zu Fuß gehen.

Man muß die Bahnhöfe ansehen, wenn man wissen will, was mit einer Stadt los ist, dachte sie, während sie durch die Halle schlenderte. Am gegenüberliegenden Ausgang blieb sie einen Augenblick stehen, ging nach rechts und setzte sich auf eine flache Mauer. Neben ihr saßen ein paar heruntergekommende Männer mit Plastiktüten und Bierdosen in den Händen. Ihr fiel ein, daß sie in Moskau auf einer ähnlichen Mauer in der Sonne gesessen und der Zeichensprache der Gehörlosen zugesehen hatte. Sie empfand einen kleinen Schmerz, dessen Ursache ihr unklar war.

Rechts von ihr saß ein Junge, der mit einem Schließfachschlüssel spielte. Sie sah ihm eine Weile zu. Irgend etwas war merkwürdig an der Spielerei. Ein Mann kam vorbei, der einen leichten, hellen Seidenanzug trug und sehr gepflegt wirkte.

Als er zum zweiten Mal vorbeikam, musterte der Mann den Jungen mit dem Schlüssel eingehend. Plötzlich sprang der Junge auf und ging auf den Mann zu. Der griff in die Hosentasche, zog ein Bündel Scheine hervor, und der Schlüssel wechselte den Besitzer. Der Junge kam zurück. Bella beobachtete, wie er die Scheine in seiner Hosentasche zählte, ohne sie herauszunehmen. Das ganze Manöver hatte weniger als eine halbe Minute gedauert. Bella hätte gern gewußt, was der Junge im Schließfach deponiert hatte, das für den eleganten Herrn so wichtig war.

Wahrscheinlich irgendeine kostbare Vase, ein Bild oder sonst etwas aus einem Wohnungseinbruch, dachte sie. Es hatte keinen Zweck hinterherzugehen. Der Mann würde sicher nicht sofort das Schließfach öffnen.

Auf dem Bahnhofsvorplatz spielte eine Gruppe Peruaner eher schlecht als recht auf fremd klingenden Instrumenten. Seit ein paar Monaten waren mehrere dieser Gruppen in der Stadt unterwegs, folkloristisch gekleidet, und mit den von linksbürgerlichen Kreisen entwickelten multikulturellen Pseudo-Gefühlen ihre straff durchorganisierten Geschäfte betreibend. Einige Meter von der Gruppe entfernt stand ein Kind, ein vielleicht sieben Jahre alter Junge. Er spielte Akkordeon und hatte vor sich auf den Boden einen Teller gestellt. Der Junge spielte gut, und auf dem Teller lagen eine Menge Münzen. Auch er gehörte einer gut organisierten Gruppe an, deren erwachsene Anführer sich den Trick mit den kleinen Musikanten ausgedacht hatten. Je jünger die Kinder, desto größer war der Erfolg. Die Kinder spielten viele Stunden hintereinander. Die Erwachsenen, gut gekleidete Männer, die sich bester Gesundheit erfreuten, kamen stündlich, um unauffällig die Teller zu leeren. Bella betrachtete den erschöpften Jungen eine Weile, bevor sie weiterging. Ihn – und die hübschen Strichjungen zwischen vierzehn und fünfzehn, die heruntergekommenen Frauen und zwei dünne Mädchen in extrem kurzen Röcken, die sich herumschlendernden Freiern anboten. Sie sprachen Sächsisch.

Es reicht, dachte sie.

Sie hatte keine Lust mehr, sich auch noch der aggressiven Atmosphäre auf dem Steindamm auszusetzen. Deshalb stieg sie in ein Taxi und ließ sich zur Süderstraße fahren. Am Haus der Gas-Werke stieg sie aus. Es war heiß und laut. An der Straße standen kaum Bäume. Langsam setzte sie sich in Bewegung. Am Ende der Straße mußte die Schrebergartenkolonie liegen. Aber die Straße war sehr lang, und das Ende war nicht zu sehen.

Seufzend sah sie die Straße hinauf. Autostrich – Endstation. Hier, zwischen Industriehöfen, Fabrikgebäuden und Lagerhallen, wurde ein kleiner Teil der jährlich zweihundertfünzig Millionen sexueller Dienstleistungen gekauft, für die die westdeutschen Männer jährlich 12,5 Milliarden ausgeben. In dieser gottverlassenen Gegend waren die Frauen der Willkür der Freier ausgeliefert. Bella wußte, daß die Polizeistreifen es nicht als ihre Aufgabe betrachteten, die Frauen zu schützen. Weshalb auch, Prostituierte sind der letzte Dreck, und die hier sind der allerletzte Scheißdreck, hatte ihr ein Streifenbeamter bei irgendeiner Gelegenheit ernsthaft versichert.

Aus den Imbißbuden roch es nach altem Bratfett. Bella hatte Hunger, aber keine Lust, sich in eine der Buden zu zwängen, die in der Mittagszeit überfüllt waren. Sie kam an einem neuen Restaurant vorbei, aber die vornehm gekleideten Männer, die hinter den dunklen Glasscheiben saßen, speisten und suchend die Straße im Auge behielten, waren ihr erst recht zuwider. Eine Kneipe, die in einer ehemaligen Tankstelle aufgemacht hatte, schien ganz ordentlich zu sein. Eddie's stand über der Tür. Sie beschloß, nach ihrem Erkundungsgang dort einzukehren.

Im oberen Viertel änderte sich der Charakter der Straße. Die Industriebauten wurden weniger. Erst vereinzelt, dann in geschlossenen Reihen tauchten Wohnblöcke auf. Schmucklose Häuser, ohne Balkons, bald nach dem Krieg gebaut. Einige waren inzwischen renoviert worden. Auch ein paar Bäume standen nun an den Bürgersteigen. Sie waren klein und spendeten kaum Schatten.

Was die Leute hier wohl über ihre Straße denken, überlegte Bella, während sie an geschlossenen Fenstern vorüberging. Fast überall waren die Vorhänge zugezogen, um die Mittagssonne auszusperren. Wie können sie es aushalten, dachte sie, Tag für Tag an den Frauen vorüberzukommen, ohne darüber nachzudenken, wer für dieses Elend verantwortlich ist. Dann fiel ihr ein, daß sie vielleicht, holte man alle diese Leute aus ihren Wohnungen und befragte sie, die einzige sein würde, die irgend etwas nicht in Ordnung fand.

Wie schön, daß du von selbst wieder auf den Teppich findest, Bella Block, dachte sie und ging schnell an den letzten Wohnblocks vorbei. Die Straße endete in einer Sackgasse. Eine schmale Brücke führte über einen Nebenarm der Bille. Jenseits der Brücke begann das Schrebergartengelände.

Die alte Frau hatte Bella den Weg und das Haus genau beschrieben, deshalb fand sie es schnell. Sie ging an der Hecke entlang und suchte eine Möglichkeit, ohne vom Haus aus gesehen zu werden, an den Schuppen zu gelangen. Dabei hatte sie das Gefühl, aus allen Hecken heraus beobachtet zu werden. Das war Einbildung, denn ganz offensichtlich waren die meisten Häuschen unbewohnt. Sie sah, daß sich auf dem Grundstück, das an den Schuppen angrenzte, niemand aufhielt, öffnete schnell die Gartenpforte und verschwand im Garten. Im Schutz einiger Sträucher erreichte sie die Rückseite des Schuppens. Wie sie gehofft hatte, hatte der Schuppen kleine Fenster auf der Rückseite. Vorsichtig sah sie durch eine der Scheiben. Obwohl die Scheibe durch Spinnweben und Staub blind geworden war, konnte sie nach einem kleinen Orientierungsaugenblick eine Hälfte des Schuppens überblicken. Sie sah zwei hölzerne Sägeblöcke, einige leere Säcke, an der Längswand ein paar Gartengeräte, einen recht ordentlichen Korbstuhl und die Hälfte eines Tisches. Durch das andere Fenster zu sehen war etwas schwieriger, weil davor ein großer Rosenbusch stand. Bella riß sich den Nacken an ein paar Dornen auf, bevor sie vor dem Fenster stand. Sie sah, daß die Tür des Schuppens nur angelehnt war – ein sehr schmaler Lichtstreifen fiel auf den Lehmfußboden.

Sie sah die andere Hälfte des Tisches, ein Regal mit Farbdosen und ein schmales Sofa. Sie sah auf dem Sofa eine junge Frau. Sie lag auf dem Rücken. Sie hatte ein braunes Gesicht, das jetzt fahl aussah, braune Arme und Beine, die rechts und links an den Seiten des Sofas herunterhingen, und einen abgemagerten weißen Körper. Sie war nackt. Irgend jemand hatte ihr ein altes Sofakissen unter den Hintern geschoben. Die Beckenknochen traten deutlich hervor. In der linken Armbeuge hing eine Spritze. Die Frau war tot.

Zu spät, dachte Bella, ich bin zu spät gekommen. Großmutter, du hast dir umsonst einen Plan gemacht. Diese Leute schlafen erst, wenn sie ihre Arbeit erledigt haben.

Sie überlegte, was jetzt zu tun war. Sie würde die alte Frau informieren müssen. Es war besser, sie sprach erst einmal mit den alten Leuten, bevor die Polizei hier antrampelte. Beyer – anschließend würde sie mit ihm sprechen. Oder lieber nicht? Irgendwoher hätte sie gern mehr Informationen darüber gahabt, woher dieser Kerl mit der Spritze gekommen war und wohin er wieder verschwinden würde. Und es war ihr recht, wenn sie dazu beitragen konnte, daß Beyer und seine Leute ihn festnehmen würden. Was allerdings ziemlich unwahrscheinlich war. Sie merkte an den Dornen in ihrem Nacken, daß sie noch immer hinter dem Rosenbusch stand und befreite sich mühsam. Langsam und ohne darauf zu achten, ob sie gesehen wurde, ging sie durch den fremden Garten zurück auf den Hauptweg. Sie ging in den Nachbargarten, vorbei an zwei wunderschönen alten Baumlauben. In einer war der Tisch für zwei Personen gedeckt. Als sie näher kam, sah sie, daß das Frühstücksgeschirr nicht abgeräumt worden war. Das Haus war leer, die Haustür abgeschlossen. Ein hölzerner Fensterladen war nur angelehnt. Sie öffnete ihn, aber außer einer sorgfältig aufgeräumten Küche und einem Teller mit angetrockneten Butterbroten konnte sie nichts entdecken. Schnell ging sie weiter. Bevor sie den Schuppen betrat, sah sie sich noch einmal um – es war niemand zu sehen.

Die Luft im Schuppen war schlecht. Bella zwängte sich durch Gerümpel und atmete flach. Vor der Leiche blieb sie einen Augenblick stehen. Eine junge Frau, höchstens dreißig, mit geschlossenen Augen und sehr dünn. Sie sah so tot aus, daß ihre Stellung, die vom Fenster aus obszön gewirkt hatte, aus der Nähe betrachtet, nichts mehr bedeutete. Bella suchte eine Decke und legte sie der Frau trotzdem über den Leib – vorsichtig, und den Arm mit der Spritze frei lassend. Die Spritze war halb gefüllt mit einem hellroten Gemisch, das aussah wie Blut und Wasser. Neben dem Sofa lag eine Handtasche. Sie enthielt den üblichen Kleinkram und einen zusammengeknüllten Zettel. Wir werden dafür sorgen, daß Deutschland sauber wird, stand darauf. Bella ging zurück. Sie nahm diesmal einen anderen Weg.

Eine alte Schrebergartenanlage hat Ähnlichkeit mit einem Labyrinth, dachte sie.

Als sie auf die Straße kam, sah sie die verkohlten Reste des Wohnwagens, von dem die alte Frau gesprochen hatte. Während sie die Straße hinunterging, um die Kneipe in der Tankstelle aufzusuchen, hoffte sie noch immer, der alten Frau zu begegnen. Sie traf sie nicht. Die Straße blieb leer.

In der Kneipe blieb sie einen Augenblick an der Tür stehen. Draußen war es sehr heiß gewesen und sehr hell. Hier drinnen waren Vorhänge vor die Glaswände gezogen worden, um die Gäste vor der Sonne zu schützen. Bella fand, daß die Helligkeit und die Hitze draußen besser zueinander paßten, als das Schummerlicht und die Hitze hier drinnen.

Dafür roch es hier nicht nach Abgasen, sondern nach Essen, Bier und Zigarettenrauch. Bella stellte fest, daß sie keinen Hunger mehr hatte. Aber ein Bier hätte sie gern getrunken.

Vielleicht sollte ich von der Tür verschwinden, dachte sie, als sie ein paar mißtrauische Blicke spürte. Sie ging an die Theke – was will denn die hier, hörte sie die halblaute Stimme einer angetrunkenen Frau – und bestellte ein Bier. Dann wandte sie sich um und betrachtete ihre Umgebung. Das übliche Kneipenmobiliar, braune Stühle, braune Tische, rot-weiß karierte Decken, auf den Tischen Ständer mit Salz, Pfeffer und Servietten. Das Lokal war gut besetzt, kaum ein Tisch war frei. Die Leute aßen und tranken. Sie sprachen gedämpft, als ob hinter den zugezogenen Gardinen der Abend hereingebrochen wäre und sie auf den Schlaf kleiner Kinder Rücksicht zu nehmen hätten. Aber es war nur die Hitze, die sogar lautes Sprechen als anstrengend erscheinen ließ.

Das Bier kam in einem beschlagenen Glas. Es sah so wunderbar aus, daß Bella dem, der es ihr hinschob, aufrichtig dankbar zulächelte. Anscheinend hatte sie ein bißchen zu lange gelächelt.

Vielleicht sollten Sie es erstmal trinken, sagte der Mann hinter der Theke. Dann können Sie mir ja immer noch erzählen, was Sie hier suchen.

Eddie –

Irgend jemand rief aus der Küche hinter dem Tresen. Der Mann, der Bella das Bier gegeben hatte, wandte sich ab. Gleich danach sah sie ihn mit zwei Schweinshaxen von ungewöhnlichem Ausmaß an einen der Tische gehen. Er hinkte leicht. Zu anderen Zeiten, Bella Block, hättest du so einen interessant gefunden, dachte sie, während sie ihm nachsah und feststellte, daß das kurzärmlige, weiße Unterhemd, das er trug, nicht sehr sauber war. Der Anblick der Frau im Schuppen stand plötzlich vor ihren Augen. Müde schob sie das leere Glas zur Seite und kramte in der Jackentasche nach Kleingeld.

Ich spendier Ihnen noch eins auf Kosten des Hauses, sagte Eddie, als sie das Geld auf den Tresen legte. Wir gehen da rüber – er wies mit dem Kopf auf den rückwärtigen Teil des Lokals. Da ist es nicht ganz so heiß.

Bella war plötzlich alles gleichgültig. Die Hitze, das Bier, die schlechte Luft, die schreckliche Straße, die ganze Hoffnungslosigkeit da draußen. Eddie ging mit zwei Gläsern voran, und sie folgte ihm.

Im Hinterzimmer war es wirklich nicht ganz so heiß. Er hatte die Gläser auf einem großen, grünen Tisch abgestellt und zwei Stühle herangezogen. Sie setzten sich und tranken. Er bot Bella eine Zigarette an. Sie schüttelte den Kopf. Sie sah ihn an.

Ich werde Ihnen eine Geschichte erzählen, sagte sie langsam. Nur, damit ich nicht dran ersticke. Das haben Sie nun davon.

Eddie sagte nichts. Er stand auf und schloß die Tür. Dann setzte er sich, schwieg und wartete.

Es war einmal eine wunderschöne Schrebergartenanlage im Sommer. An deren Grenzen floß ein Fluß, die Fische sprangen, die Vögel zwitscherten, die Rosen blühten und die beiden alten Leute, die dort wohnten, hatten sich so aneinander gewöhnt, daß sie dachten, sie liebten sich. Eines frühen Morgens kam ihre Enkelin in den Garten. Sie war heroinabhängig, hatte die Freier auf dem Autostrich bedient, zufällig etwas über die neuesten Geschäftspläne von ein paar Zuhältern erfahren und die Schnauze voll vom Anschaffen. Kurz: Sie wollte aussteigen und durfte nicht.

Bella machte eine Pause. Eddie stand auf und ging langsam zu einem der Fenster. Wenn er langsam ging, war das Hinken kaum zu sehen. Er blieb vor der geschlossenen Jalousie stehen. Halb abwesend schob er mit den Fingern zwei Lamellen auseinander, sah auf die Straße und wandte sich Bella wieder zu.

Ja, sagte Bella. Die alten Leute, wie gesagt, liebten sich. Sie liebten sich so, daß der Mann nicht wissen durfte, daß die alte Frau die Enkelin im Schuppen versteckte. Dann holte sie Hilfe. Zuerst ging sie zu einer Detektivin, die sie anheuerte, ihre Enkelin zu schützen. Und dann ging sie Stoff besorgen und kam lange nicht zurück.

Ja, sagte Eddie. Und dann ging die Detektivin die Enkelin beschützen und trank unterwegs ein Bier. Ist doch rührend. Deren Sorgen möcht ich haben.

Die Frau war tot, sagte Bella. Irgend jemand war vor mir da. Irgend jemand, der gewußt hat, wo sie sich verstecken konnte.

Eine Weile schwiegen beide. Dann kam Eddie zurück an den Tisch.

Jetzt erzähle ich Ihnen mal eine Geschichte, sagte er, während er sich setzte. Es war einmal ein junger kräftiger Fernfahrer. Der lebte und fuhr, daß es eine Freude war. Bis er eines Tages einen Unfall hatte und ihm zum Andenken ein steifes Bein zurückblieb. Da beschloß er, die Gegend, die er am besten kannte, dazu zu nutzen, trotzdem sein Glück zu machen. Und er machte in dieser Straße ein paar Imbißbuden auf und ein paar gutgehende Lokale – und die Lokale füllten sich mit Huren und Pennern und Bauarbeitern und Angestellten und Zuhältern und feinen Herren mit dicken Wagen. Und er liebte sie alle – aus den unterschiedlichsten Gründen. Detektive und Polizisten hatte er nicht so gern. Aber am allerwenigsten liebte er die Sorte Killer, die in Schrebergärten herumschleichen und – wie ist sie gestorben?

Sie hatte eine Spritze im Arm. Vorher oder währenddessen oder hinterher hat er sie benutzt.

Wieder war es eine Weile still. Bella sah sich um. Als Eddie ihren Blick sah, stand er auf und ging hinüber zum Klavier. Er schlug den Deckel zurück, und spielte ein paar Takte. Dann brach er ab.

Man muß seinen Gästen ab und zu etwas bieten, sagte er, während er sich zurück an den Tisch setzte.

Und jetzt würden Sie gern wissen, wie Sie den Kerl zu fassen kriegen können. Sind Sie deshalb hierher gekommen?

Nein! sagte Bella. Das war Zufall. Und wie kriege ich ihn zu fassen?

Eddie sah sie nachdenklich an, bevor er antwortete.

Ich arbeite nicht mit der Polizei zusammen, wenn es sich vermeiden läßt.

Ich bin nicht bei der Polizei, sagte Bella schnell.

Es ist möglich, daß er hier noch einmal auftaucht, sagte er langsam. Ein ziemlich eitler Mensch, würde ich denken.

Hier bei Ihnen?

Bella war überrascht. Ohne daß sie hätte sagen können, warum, war es ihr nicht recht, daß Eddies Kundschaft nicht ganz so harmlos war, wie sie gedacht hatte. Dann sagte sie sich, daß sie das nichts anginge, daß es ihr in Wirklichkeit gleichgültig sei und daß sie nach Hause wollte, um zu duschen und nachzudenken. Sie stand auf und wandte sich zum Gehen.

Sollten Sie heute abend wiederkommen, sagte Eddie in ihrem Rücken, machen Sie irgend etwas, damit Sie nicht ganz so elegant aussehen. Wenn Sie lange genug bleiben, spiel ich Ihnen was vor.

Sie sind ja ein ganz Toller, sagte Bella, ohne sich umzusehen und schloß die Tür hinter sich.

Draußen hatte sich das Straßenpflaster inzwischen so aufgeheizt, daß barfüßige Kinder – die Idee, in dieser Gegend an barfuß auf der Straße spielende Kindern zu denken, war absurd. Bella ließ sie fallen und versuchte, nur flach zu atmen, während sie die Straße hinunterging. Die Mittagszeit war vorüber. Der Gestank nach altem Bratfett aus den Imbißbuden hatte sich mit den Abgasen der LKWs zu einer unsichtbaren, stinkenden Dekke vereinigt. Wenn es nicht regnete und kein Wind aufkam – und es gab keine Anzeichen für einen erlösenden Regen oder Sturm – würde es wohl ein paar Stunden dauern, bis man wieder durchatmen konnte. Die Frauen waren von der Straße verschwunden. Nachmittägliche Betriebsamkeit hatte die Männer in den Büros, in den Lagern und an den LKWs erfaßt. Jetzt mußte gearbeitet werden. Nur noch wenige Stunden – Bella sah auf die Uhr, es war kurz nach zwei – dann war der Arbeitstag vorbei. Was man heute nicht geschafft hatte, war dann nicht mehr aufzuholen.

Und ich, dachte Bella. Ich kann machen was ich will, ich gehöre einfach nicht dazu. Die Griller haben Fenster und Türen geöffnet, um die stinkende Luft rauszulasen und sind damit beschäftigt, die Grills zu säubern, und mir fällt jetzt ein, daß ich Hunger habe.

Sie betrat eine Imbißbude. Außer dem Mann hinter der schmierigen Glastheke, die mit Petersilie aus Kunststoff dekoriert war, stand nur noch ein anderer Mann in einer Ecke. Sie beachtete ihn nicht, ging an den Tresen und bat um etwas zu essen.

Jetzt nur noch kalt, sagte der Mann, der tatsächlich damit beschäftigt war, an einem Rost herumzukratzen, ohne aufzusehen. Sein weißer Kittel trug die Spuren der gerade beendeten Schlacht, in der Ketchup eine größere Rolle gespielt haben mußte.

Ist egal, sagte Bella. Geben Sie mir zwei Frikadellen und Kartoffelsalat.

Mißmutig unterbrach der Mann die Kratzerei. Er spießte zwei Frikadellen gleichzeitig auf eine Bratgabel und nahm die linke Hand zu Hilfe, um sie über dem Teller wieder von der Gabel zu bekommen.

Eddie sollte seinen Leuten wenigstens die Grundzüge der Hygiene beibringen, dachte Bella.

Der Kartoffelsalat sah frisch aus. Er wurde mit einem breiten Klatsch aus dem weißen Kunststoffeimer auf den Teller befördert. Der Mann griff ins Regal, nahm eine große rote Gummitube in beide Hände und versuchte, Senf auf den Teller zu drükken. Offenbar war die Tube leer. Sie gab merkwürdige, unanständige Geräusche von sich und sprenkelte unregelmäßige Senfkleckse auf den Teller. Bella fühlte sich an eine bestimmte Szene aus dem Film Das große Fressen erinnert und mußte beinahe lachen.

Es reicht, sagte sie, als der Mann Anstalten machte, nach einer neuen Tube zu suchen.

Er stellte den Teller auf die Theke und wies stumm auf einen Kasten an der gegenüberliegenden Wand, in dem Bestecke lagen. Dann wandte er sich wieder seiner Kratzarbeit zu. Bella angelte sich eine Gabel vom Grund des Kastens – Servietten gab es nicht – und stellte sich zum Essen an ein Tischchen. Die Frikadellen waren in Ordnung. Als ihr Blick zufällig auf den anderen Gast fiel, stutzte sie einen Augenblick. Irgend etwas stimmte nicht an dem Mann. Dann begriff sie, was los war.

Beyers Leute. Gerade war einer in die Imbißbude eingesickert. Ein junger Mann in Jeans und Polohemd, ein bißchen unrasiert und mit ausgefransten Turnschuhen. Was ist es bloß, dachte sie, aber sie wußte es ja. Es war die Ausstrahlung. Sie müßten dicke Raumfahreranzüge mit angeschnittenem Kopfteil tragen, damit nichts durchdringt von dem Recht-und-Ordnung-Zeug, das sie im Kopf haben. Bloß, daß sie dann erst recht zu erkennen wären.

Bella überlegte, ob sie dem Polizisten sagen sollte, daß sie eine Tote gefunden hatte. Sie verwarf den Gedanken wieder. Es war besser, sie informierte Beyer direkt. Irgend etwas beunruhigte sie trotzdem. Je länger sie darüber nachdachte – sie hatte ein Bier bestellt und trank in langsamen Schlucken das kalte Zeug –, desto deutlicher stand ihr die alte Frau vor Augen, die irgendwann nach Hause kommen und die tote Enkelin finden würde.

Na gut, dachte sie, während sie die leere Flasche an den Tresen zurückbrachte. Keine Dusche, Nachdenken im Gehen, zurück in den Schrebergarten.

Auf dem Weg dahin stellte sie fest, daß in jede Imbißbude jemand eingesickert war. Da es auffallen würde, wenn die Männer sich länger als eine halbe Stunde dort aufhielten, nahm sie an, daß eine Art Bäumchen-wechsel-dich-Spiel im Gange war. Wahrscheinlich nach einem scharf ausgeklügelten Plan wechselten die Turnschuhpolizisten in gewissen Abständen ihren Standort. Sie achtete auf die Fußgänger, die ihr entgegenkamen oder sie überholten. Und tatsächlich begegneten ihr einige von Beyers Leuten in blauen oder orangefarbenen Overalls. Zweimal saß jemand völlig unbeteiligt hinter heruntergekurbelten Fenstern am Straßenrand im Wagen und wartete mit gelangweiltem Gesicht auf irgend etwas. Sie war schon in der Nähe des Schrebergartens, als sie einen Streifenwagen sah, der langsam und auffällig durch die Gegend fuhr. Den beiden Polizisten im Innern hätte selbst sie nicht unbedingt im Dunkeln begegnen mögen.

Es fiel ihr, während sie den Hauptweg entlang ging, schwer, die blühenden Gärten und den Tod der jungen Frau im Schuppen zusammenzudenken. Sie konnte ihre Gedanken, ihre sinnliche Wahrnehmung, nur auf das eine oder das andere konzentrieren. So versuchte sie, die Rosen, den Rittersporn und das ganze andere blühende Zeug zu übersehen und sich noch einmal den wahrscheinlichen Ablauf klarzumachen.

Die Frau wollte aussteigen. Weil sie fürchtete, daran mit Gewalt gehindert zu werden, hatte sie sich bei ihrer Großmutter vesteckt. Weil sie rauschgiftabhängig war, hatte sie die Großmutter mit Geld versehen und sie losgeschickt, das Zeug zu besorgen. Sie hatte es dringend gemacht. Das bedeutete, daß sie keinen Stoff bei sich hatte. Die alte Frau war zuerst zu ihr, Bella, gegangen, weil sie Schutz für die Enkelin wollte. Anschließend war sie losgezogen, um das Zeug zu besorgen. Bella wußte nicht, wohin sie gegangen war, aber auch wenn sie die entfernteste Dealergegend aufgesucht hatte, hätte sie eigentlich zurück sein müssen. Irgend jemand hatte die Frau im Schuppen gefunden, ihr den goldenen Schuß verpaßt und sich an ihr vergnügt. Die Reihenfolge war offen. Der zu der Gartenidylle gehörende Großvater hatte keine Ahnung von dem, was sich in seinem Garten abspielte. Eddie behauptete, den Mannn zu kennen, der die Frau getötet hatte. Sie konnte ihn möglicherweise heute abend in Eddies Kneipe treffen. Seit vierzehn Uhr sickerten Beyers Leute in der Gegend herum. Die Sonderkommission Drogen und Prostitution (wieso eigentlich nicht Drogen und Zuhälterei, dachte sie kurz, die Frauen handeln doch nicht mit dem Zeug) versuchte, ihren großen Coup zu landen – falls sie den Umschlagplatz fand und den Weg, auf dem der Stoff gebracht wurde. Dabei hielten die Polizisten Ausschau nach einem Killer, der angeblich unterwegs war. Davon, daß der seine Arbeit schon getan hatte, wußten sie nichts.

Wenn ich Großmutter schonend die Wahrheit beigebracht habe, dachte sie weiter, könnte ich eigentlich nach Hause gehen. Dann fiel ihr die Frau ein, die nackt und tot auf dem Sofa im Schuppen lag und anstatt auszusteigen einen der Herren noch im Tod bedient hatte. Und sie dachte noch einmal, daß sie gern dazu beitragen würde, dieses Schwein dingfest zu machen. Einer mehr oder weniger, Bella? Natürlich würde es nichts ändern, aber das war ihr egal diesmal.

Vor dem Gartenhaus angekommen, stellte sie fest, daß es so aussah, als sei noch immer niemand zu Hause. Während sie durch den Garten ging, überlegte sie sich eine passende Ausrede für den Fall, daß sie plötzlich Großvater treffen würde. Dann hörte sie ihn. Er saß in einem Korbsessel in der Laube auf der linken Seite des Gartens und schnarchte. Vor ihm auf dem Tisch lag eine aufgeschlagene Zeitung. Sie betrachtete ihn einen Augenblick, bevor sie zurückging. Obwohl er noch rüstig aussah, würde er früher sterben als seine Frau. Im Alter wurden sie noch hilfloser, was das praktische Leben und menschliche Beziehungen anging, als in der Zeit, in der sie arbeiteten. Natürlich glaubten sie auch dann noch, sie seien die Herren der Welt. Die Natur hatte es so gefügt, daß sie die Erde im allgemeinen verließen, bevor ihnen klar wurde, daß sie ohne weibliche Unterstützung eigentlich gar nicht lebensfähig waren. Was sicher dazu beigetragen hatte, den Mythos ihrer Stärke aufrechtzuerhalten. Dieser hier hatte bestimmt Hunger gehabt inzwischen. Anstatt sich etwas zu Essen zu machen, hatte er sich lieber in den Sessel gesetzt, auf die Frau gewartet und war dabei eingeschlafen. Es wirkte ein bißchen lächerlich. Aber gleichzeitig schien sein Mittagsschlaf sehr entspannt, und Bella bekam Lust, sich ebenfalls auszuruhen. Sie ging in die gegenüberliegende Laube, zog einen Sessel so in den Schatten der Hekke, daß der alte Mann sie nicht sehen konnte, wenn er aufwachen sollte, und setzte sich. Sie würde hier auf Großmutter warten.

Er war nicht gleich danach in das Hotel zurückgegangen. Als er aus dem Schuppen kam, hatte er das Wasser gesehen und war an den Fluß geschlendert. Unten am Steg hatte ein hölzerner alter Kahn gelegen. Den hatte er losgemacht – und dann wird das Schiff am Ufer losgemacht – und war damit ein Stück die Bille hinaufgetrieben. Er war sicher, daß ihn niemand zu Gesicht bekommen würde. Ein paar hundert Meter weiter hingen Weidenzweige so dicht über dem Wasser, daß er den Kahn dahinter festmachen konnte. Hier würde ihn auch vom Fluß her niemand entdecken. Bevor er einschlief, hatte er sich geärgert, daß er keine der Decken mitgenommen hatte, die im Schuppen gewesen waren. Der Boden des Kahns war uneben, aber glücklicherweise wenigstens trocken. Er war schnell eingeschlafen.

Er erwachte von einem leisen Quieken. Ohne sich zu bewegen, öffnete er die Augen. Auf der Uferböschung vor ihm tobten ein paar Ratten. Sie waren groß und fett. Er bekam Lust, ein paar Pfeile nach ihnen zu werfen. Vorsichtig schob er die rechte Hand in die Hosentasche und fingerte darin herum. Als er spürte, daß er drei der kleinen Pfeile gefaßt hatte, zog er die Hand wieder heraus. Er ließ zwei Pfeile auf seinen Bauch fallen – sie blieben dort liegen und polterten nicht auf den Boden des Kahns – und nahm den dritten fest zwischen Daumen, Zeige- und Mittelfinger. Dann versuchte er, im Kahn zu einer Wurfbewegung auszuholen, ohne daß die Ratten verscheucht wurden. Aber der Kahn wackelte, verursachte ein paar Ringe auf der bis dahin glatten Wasseroberfläche, und die Ratten verschwanden. Er ließ die Hand zurück auf den Bauch sinken und sah nach der Sonne. Er schätzte die Zeit auf etwa drei Uhr nachmittags und stellte fest, daß er mehr als zwei Stunden geschlafen haben mußte. Ohne sich zu bewegen, blieb er liegen und dachte an das, was davor geschehen war. Den Schuppen zu finden war leicht gewesen. Es hatte nicht lange gedauert, bis er das Schloß aufgemacht hatte. Die Frau war zu Anfang ein bißchen mißtrauisch gewesen. Aber sie hatte den Stoff so dringend gebraucht, daß sie ihm ziemlich schnell gehorcht hatte. Er hatte von ihr ein paar Handreichungen verlangt, bevor er sie umbrachte. In der Aussicht auf den Stoff war sie sehr willig gewesen. Es war sehr warm gewesen in dem Schuppen, aber da es nach seiner Auffassung wichtig war, daß die Frau nackt, er aber möglichst korrekt gekleidet war, hatte er seine Sachen nicht ausziehen können. Er fühlte sich unsauber und verschwitzt. Es wurde Zeit, daß er ins Hotel zurückkam. In der Erinnerung an die Frau mit dem Kissen unter dem Hintern auf dem Sofa fühlte er ein leichtes Pochen unter seiner Hand, die noch immer mit dem Pfeil zwischen den Fingern auf seinem Bauch lag. Er überlegte, beschloß dann aber, die Sache für später aufzuheben. Erst wollte er ins Hotel zurück und die verschwitzten Sachen loswerden. Er stieß den Kahn vom Ufer ab, trieb auf die andere Seite und stieg aus. Bevor er, nach einem längeren Fußmarsch, die nächste Bahnstation erreichte, war es fast vier Uhr geworden. Er sah es an der Bahnhofsuhr. Einmal, noch in der Nähe des Ufers, fielen ihm zwei Männer auf, die wie Polizisten aussahen, obwohl sie keine Uniformen trugen. Sie beunruhigten ihn nicht weiter, denn er hielt es für ausgeschlossen, daß sie nach ihm suchten. Trotzdem machte er einen Bogen um die beiden, die die Angeltaschen ein wenig zu demonstrativ über der Schulter trugen. Auch am Bahnhof lungerte ein Typ herum, der ihm nicht gefiel. Er dachte, daß irgend etwas im Gange sein mußte, eine größere Sache, die nichts mit ihm zu tun hatte, und war froh, als der Zug kam. Nach zwei Stationen stieg er aus. Unterwegs hatte er die Hände in den Taschen vergraben können; aber um eine Zeitung zu kaufen, hätte er sie herausnehmen müssen. Da er noch immer die dünnen, eng anliegenden Handschuhe trug, ging er an dem Zeitungsladen am Hauptbahnhof vorbei. Er überquerte den Bahnhofsvorplatz und betrat das Hotel durch eine hohe Drehtür. Am Ende der Halle verschwand er erst einmal auf der Toilette, um die Handschuhe auszuziehen. Er ließ sich am Empfang von einem übereifrigen Menschen eine Zeitung und den Zimmerschlüssel geben – hier wurde man nach den Klamotten bedient, und seine waren teuer – und ging hinauf in sein Zimmer. Er warf die Sachen, die er auszog, in einen Beutel mit der Aufschrift Reinigung, telefonierte und stellte den Beutel vor die Tür. Dann verschwand er in der Dusche.

Während er duschte, sammelte sich auf der Straße hinter dem Hotel eine kleine Menschenmenge, ein paar Männer, viele Frauen und eine ganze

Menge Kinder. Der Zug setzt sich in Bewegung, als ein Mann mit einem Megaphon an die Spitze ging. Die Leute zogen auf den Bahnhofsplatz. Passanten blieben stehen, lasen die selbstgemachten Transparente, schüttelten die Köpfe und gingen weiter. Dealer ohne Angst – Kinder ohne Chance, stand auf einem Spruchband, das zwei Frauen hielten. Unter dem Tuch gingen Kinder, die Körbe mit gebrauchten Einwegspritzen vor sich hertrugen. Sie hatten Handschuhe an. In St. Georg lebt man so wie auf einem Rattenklo – einer aus Kindern gebildeten Schlange waren die einzelnen Worte auf den Leib geschrieben. Am Ende der Schlange wurde ein Handwagen mitgezogen, in dem sich Müll auftürmte. Zerrissene Plastiksäcke, leere Bierdosen, halbverfaulte Pappkartons, Hundescheiße – der Karren stank. Die Passanten, an denen die Kinderschlange vorbeikam, wichen zurück und begannen zu schimpfen. Der Mann mit dem Megaphon erhob seine Stimme. Er hielt eine lange Rede. Offensichtlich genoß er die Aufmerksamkeit des Publikums. In seiner Rede war viel von Politikern, Forderungen, Verhandlungen und Angeboten zu hören. Die Leute verloren das Interesse. Auch stank der Karren in der Sonne bestialisch. Die Zuschauermenge um den Demonstrationstrupp löste sich auf. Endlich hörte der Mann auf. Der Trupp zog weiter – zurück nach St. Georg – vorbei an ein paar Zuhältern, die zu ungewöhnlicher Stunde ihr Stammlokal aufsuchten.

Der Rest des Demonstrationstrupps umwanderte den Hansaplatz, beobachtet von ein paar drogenabhängigen, weiblichen Kindern, die in den Treppenhäusern standen, umkreist von einer Horde ausländischer Jungen, die mit lautem Grölen versuchten, die Frau zu überschreien, die jetzt das Megaphon in der Hand hielt. Die Kinder in den Treppenhäusern waren eine von Hamburgs Attraktionen: der Babystrich. Unter den Jungen waren einige schon recht tüchtige kleine Zuhälter.

Der Mann kam aus der Dusche, eingehüllt in den weichen, weißen Hotelbademantel, und sah, aufmerksam geworden durch den Lärm vor seinem Fenster, hinaus. Er sah nur noch das Ende des Demonstrationszuges. Wir wollen einen Kindergarten und nicht auf die Spritze warten, zog gerade um die Ecke. Er grinste ein wenig, während er sich umwandte und zum Bett hinüberging. Für den Kindergarten war die von heute morgen nun wirklich nichts mehr gewesen. Und wie sie auf die Spritze gewartet hatte. Er hätte gern gewußt, was in den Köpfen der Leute da unten vorging. Konnte es sein, daß sie wirklich so dumm waren anzunehmen, ihr Geschrei würde etwas nützen? Er selbst hatte nichts mit Drogen zu tun. Er arbeitete auf eigene Rechnung. Wenn er das Zeug für eine spezielle Sache brauchte, wußte er, wo er es bekommen konnte. Aber er kannte die Schlösser von ein paar Leuten, die dick im Geschäft waren. Und die Feste, die da gefeiert wurden. Ihm war vollkommen klar, daß sowas nicht ging ohne Schutz von höchster Stelle. Niemand von denen würde wegen einem bißchen Geschrei auf der Straße aus dem Geschäft aussteigen. Und die Zahl der Abnehmer wuchs. Bevor er einschlief, dachte er, daß es ein Fehler wäre, diesen Blondgelockten am Leben zu lassen. Er war nicht zuverlässig genug. Allerdings war die Gegend dahinten nicht sauber. Irgend etwas war im Gange. Man konnte diesen Anfängern nicht trauen. Er würde noch vorsichtiger sein müssen als sonst.

Die Wände waren grün gestrichen. Schon mehrmals hatte die alte Frau bei sich gedacht, wie gut es war, daß sie ihrem Mann im Frühjahr verboten hatte, die Küche grün zu streichen. Grün an den Wänden war wirklich scheußlich. Die Zelle hatte keine Einrichtung außer zwei fest an den Längswänden verschraubten Holzbänken. Helles, dickes Holz. Das Holz gefiel ihr. Sie strich mit den Fingern darüber und legte dann die Hände wieder in den Schoß. Sie konnte nichts tun, nur warten. Sie wußte, daß sie irgendwann verhört werden würde. Sie hatte sich vorgenommen, ihre Enkelin nicht zu verraten. Noch einmal ging sie in Gedanken die vergangenen Stunden durch, und es war, als erlebte sie alles noch einmal:

Nachdem sie die Detektivin verlassen hatte, fuhr sie zu der Adresse, die die Enkelin aufgeschrieben hatte. Es war eine lange Fahrt – von Klein Flottbek nach Wandsbek. Sie brauchte fast zwei Stunden. Sie ging nicht besonders schnell, weil der Tag sehr heiß war. Es war schon kurz vor elf, als sie endlich vor der angegebenen Hausnummer stand. Die Straße hatte einen schönen Namen – Kattunbleiche – aber das Haus gefiel ihr nicht. Es sah heruntergekommen aus. Die Leute, die in den offenen, gardinenlosen Fenstern saßen und die Musik, die aus den Fenstern dröhnte, stießen sie ab. Sie ging weiter bis zur nächsten Straßenecke. Da war eine kleine Kneipe. Sie setzte sich, bestellte ein Glas Wasser und überlegte, ob sie wirklich in das Haus gehen sollte. Nachdem sie zu dem Schluß gekommen war, daß es keine andere Möglichkeit gab, zahlte sie, legte ihre Handtasche in den Einkaufskorb, hängte sich den Korb über den Arm und ging zurück. Auch der Vorgarten vor dem Haus war in einem fürchterlichen Zustand. Während sie durch den Vorgarten ging, sah sie sich um. Die Straße vor dem Haus war leer. Sie hätte gern ihrer Empörung über den verlotterten Garten und den Krach, der aus dem Haus kam, Ausdruck gegeben. Aber es war niemand da, an den sie sich hätte wenden können. Im Hausflur war es dunkel. Sie zögerte einen Augenblick, bis ihre Augen sich an die Dunkelheit gewöhnt hatten. Dann stieg sie mühsam ein paar ausgetretene Stufen hoch. Ein Mann kam die Treppe herunter, ein großer Schwarzer.

Ali?

Der Schwarze blieb stehen und starrte sie an. Sie wußte nicht, ob er der richtige war und fragte noch einmal:

Ali?

Der Schwarze wandte sich ab und setzte seinen Weg die Treppe hinunter fort. Sie mußte es oben noch einmal versuchen. Auf dem Flur im ersten

Stock standen die Zimmertüren offen. Sie betrat das erstbeste Zimmer, stellte sich in die Tür und schrie wild entschlossen zum dritten Mal:

Ali!

Im Zimmer wurde es augenblicklich still. Ein großer Schwarzer, der dem Mann auf der Treppe sehr ähnlich sah, kam auf sie zu und drängte sie auf den Flur. Da wußte sie, daß sie den Richtigen gefunden hatte. Sie holte das Geld aus der Tasche, gab es ihm, und er verschwand wieder im Zimmer. Sie traute ihm nicht. Sie ging hinterher. Die Männer im Zimmer lachten. Dieser Ali gab ihr ein kleines Päckchen in die Hand. Und in dem Augenblick gab es im Flur und auf der Treppe plötzlich einen furchtbaren Lärm. Draußen vor der Tür quietschten Autobremsen. Die Männer rannten durcheinander. Bevor sie überhaupt begriffen hatten was los war, hatte die Polizei das Haus gestürmt. Mit allen anderen wurde sie im Flur mit dem Gesicht zur Wand gestellt. Sie hatte den Korb abgenommen und vor sich an die Wand geschoben. Während sie die Hände über dem Kopf an die Wand hielt, blickte sie hinunter in den Korb. Und jetzt erst bekam sie Herzklopfen. Da unten in ihrem Korb lag nicht das eine Päckchen, das sie gekauft hatte, sondern da lagen viele kleine weiße Päckchen. Diese Kerle mußten ihr das Zeug in den Korb geworfen haben. Ihr wurden die Knie weich. Sie nahm die Hände von der Wand, drehte sich um und lehnte sich mit dem Rücken dagegen.

Nimm doch mal einer die Oma hier raus, hörte sie einen jungen Polizisten rufen, der eine Pistole in der Hand trug und wild damit in der Luft herumfuchtelte. Mit letzter Kraft bückte sie sich nach dem Korb. Sie würde jetzt einfach losgehen. Fast hätte es geklappt. Nur daß unten der Ausgang bewacht war und sie in der Aufregung vergessen hatte, die Handtasche über die Päckchen zu legen.

Sie hatten sie in den Polizeiwagen gebracht. Dort hatte sich eine Polizistin an sie herangemacht. Aber sie hatte nichts gesagt. Etwa nach einer halben Stunde war sie zusammen mit ein paar Männern, lauter Schwarzen, in das Polizeihaus gefahren worden. Dort hatte man ihr alles abgenommen, auch den Kleidergürtel hatte sie abgeben müssen. Sie hatte verlangt, mit ihrem Mann sprechen zu können – er würde sich beunruhigen, wenn sie nicht bald zu Hause wäre –, aber sie wurde auf später vertröstet. Und jetzt saß sie hier in der Zelle und wartete. Draußen auf dem Gang hatte es ein paarmal Hin- und Hergerenne gegeben. Offenbar waren noch mehr Leute verhaftet worden. Einmal hatte einer fürchterlich geschrien und getobt. Sie war froh, daß sie den nicht nebenan eingesperrt hatten. Sie wußte, daß sie im Augenblick für die Enkelin im Schuppen nichts tun konnte. Eine Weile überlegte sie schon, ob sie ihrem Mann einen Tip geben sollte. Irgendwann würden sie sie ja telefonieren lassen müssen. Sie könnte sagen, geh in den Schuppen und sieh nach, ob dort die Gießkanne steht oder etwas ähnliches. Er würde das bestimmt sofort tun. Aber dann? Was würde geschehen? Es konnte gut sein, daß er das Mädchen einfach rauswarf. Und das wollte sie nicht riskieren.

In der Zellentür drehte sich der Schlüssel. Die Tür wurde aufgemacht. Ein Mann und eine Frau standen in der Öffnung.

Bitte kommen Sie mit, sagte die Frau.

Sie rutschte von der glatten Bank und ging hinter der Frau her durch einen langen Gang. In den Zellen war es jetzt ruhig. Die Uhr am Ende des Ganges zeigte halb fünf. Das Büro, in dem ihr ein Stuhl angeboten wurde, war groß und kahl. Vor dem Fenster waren Jalousien angebracht, durch die das Licht in schmalen horizontalen Streifen ins Zimmer fiel. Die alte Frau setzte sich. Ihr gepunktetes Kleid bildete einen seltsamen Kontrast zu den Lichtstreifen, die den Raum ausfüllten. Dankbar nahm sie den Kaffee, der ihr angeboten wurde.

Nun erzählen Sie mal, sagte die Polizistin, die sie hergebracht hatte, freundlich.

Die alte Frau sah sich um. Sie entdeckte eine zweite Person, die vor einer Schreibmaschine saß und sich bereithielt, mitzuschreiben, was sie sagen würde.

Ich möchte mit meinem Mann sprechen, sagte sie fest.

Das können Sie gleich. Ich möchte aber, daß Sie mir vorher sagen, was Sie in diesem Haus wollten.

Die alte Frau antwortete nicht.

Sehen Sie, sagte die Polizistin freundlich. Wir haben in Ihrem Einkaufskorb siebenundzwanzig Briefchen mit Heroin gefunden. Sie sehen nicht aus wie jemand, der mit Heroin handelt. Wir glauben, daß die Männer Ihnen das Zeug in den Korb geworfen haben, um es loszuwerden. Wenn Sie uns nichts sagen, müssen wir annehmen, daß Ihnen das Zeug gehört. Und das kann Sie teuer zu stehen kommen. Sie müssen hier nichts aussagen. Aber es ist zu Ihrem Besten, wenn Sie es tun.

In diesem Zimmer ist alles tot, dachte die alte Frau. Die schwarz-weiß gestreifte Luft, die Person da hinten an der Schreibmaschine, die sich nicht rührt, und die Frau vor mir: Sie hat tote Augen und einen toten Mund. Sie stellte die Kaffeetasse auf einer Ecke des Schreibtisches ab.

Ich möchte meinen Mann sprechen, wiederholte sie.

Schreiben Sie, sagte die Polizistin zu der Person an der Schreibmaschine. Sie nahm die Geldbörse der Alten aus dem Haufen, der auf dem Schreibtisch lag, und fingerte den Ausweis daraus hervor. Die Person hatte ein Formular eingespannt und drehte an einem Knopf, bevor sie wie wild zu tippen anfing.

Martha Marie Jahn, geboren am 6. Juli 1915 in Hamburg. Geburtsname Koch. Wohnung: Hamburg 26, Süderstraße, Kleingartenverein Lindenbaum, Parzelle 27. Frau Jahn, ich frage Sie jetzt zum letzten Mal: Wollen Sie aussagen?

Die Stimme der Polizistin klang ungeduldig. Die alte Frau sah sie an und schüttelte den Kopf. Die Tür wurde aufgerissen, und einer von den Polizisten, die bei der Festnahme dabei gewesen waren, kam eilig ins Zimmer.

Na, wie weit seid ihr, fragte er.

Die Polizistin stand auf, und beide verließen das Zimmer. Sie blieben lange weg. Die alte Frau wurde müde. Dann kam die Polizistin und brachte sie zurück in die Zelle. Die alte Frau wußte nicht, daß man sie eigentlich hätte freilassen müssen. Sie legte sich auf die Bank und versuchte zu schlafen. Aber die Bank war zu hart. Also setzte sie sich wieder hin. Sie bekam große Angst. Angst um sich selbst, um das Kind im Schuppen, Angst um ihren Mann. Es war, als begriffe sie erst jetzt, was geschehen war, als habe jemand sie aufgeweckt oder ihr plötzlich die Wahrheit gesagt und sie damit zu Tode erschreckt. Ihr Herz raste. Sie stand auf, ging an die Tür und schlug mit den flachen Händen dagegen. Sie versuchte zu rufen, aber ihre Stimme kam ihr so klein vor und so leise, daß sie es wieder sein ließ. Sie stand hinter der Tür und klopfte, und tatsächlich kam jemand, auch wenn es eine Ewigkeit gedauert hatte.

Ich möchte hier raus, sagte sie, als die Tür geöffnet wurde.

Der Mann an der Tür lachte.

Ja, Oma, sagte er, das möchten hier alle. Wo soll's denn so schnell hingehen?

Aber als er ihr verzweifeltes Gesicht sah, versprach er, der Beamtin, die sie vernommen hatte, Bescheid zu sagen. Er schloß die Tür wieder zu. Sie ging zurück, vom Schlagen an die Tür erschöpft, und setzte sich auf die Bank. Sie legte sich nicht wieder hin. Gleich würde sie hier rausgeholt werden. Es war sehr still um sie herum. Während sie wartete, daß die Tür aufgeschlossen wurde, nahm ihr Gefühl zu, daß etwas Furchtbares geschehen war, etwas, daß sie nicht hatte verhindern können. Und ihre Angst wurde sehr groß.

Er konnte beim besten Willen nicht mehr warten. Der Hintern tat ihm weh vom langen Sitzen. Die Zeitung hatte er von Anfang bis Ende gelesen. Dreimal war er nach vorn an die Gartentür gegangen, um Ausschau zu halten. Außer ein paar Männern, die er noch nie gesehen hatte und die anders aussahen als die heute morgen, war nichts zu sehen gewesen. Er hörte im Haus das Telefon und beeilte sich hineinzukommen. Es war die Nachbarin. Weshalb sie noch nicht bei ihr am Kaffeetisch säßen. Es war ihm unangenehm zu sagen, daß seine Frau nicht zurückgekommen war. Aber er hatte auch keine Lust mehr, allein zu bleiben. Deshalb sagte er: Ich komme, und legte den Hörer auf.

Sie hätte gewollt, daß er sich umzog. Suchend sah er sich um, stellte fest, daß er nicht wußte, wo die sauberen Socken lagen, dachte einen Augenblick darüber nach, daß sie ihm beigebracht hatte, nachmittags nicht im Trainingsanzug durch die Gegend zu laufen, und ging hinüber ins Schlafzimmer. Wenn sie gewußt hätte, daß sie heute nachmittag eingeladen waren, hätte sie ihm die sauberen Sachen aufs Bett gelegt. Aber da lag nichts. Er mußte so gehen, wie er war. Es war immer noch sehr warm, obwohl die Sonne schon tief stand. Er suchte seinen Strohhut. Als er ihn nicht fand, ging er hinunter zum Bootssteg. Dort entdeckte er, daß der Kahn weg war. Er starrte auf die Stelle, an der

der Kahn gelegen hatte, und sah dann den Fluß hinauf und hinunter. Der Kahn war verschwunden. Am gegenüberliegenden Ufer saßen zwei Männer und angelten. Er hatte sie noch nie gesehen.

Hallo – seine Stimme war längst nicht mehr so kräftig wie früher, aber sie hörten ihn. Beide sahen hoch.

Hier hat ein Kahn gelegen, rief er, habt ihr den gesehen? Jemand muß meinen Kahn genommen haben.

Die Männer sahen sich an.

Wir nicht, Opa.

Sie antworteten gemeinsam. Er starrte hinüber und sah, wie einer so etwas wie eine Antenne aus der Angeltasche zog und ein Sprechfunkgerät in die Hand nahm. Er verstand nicht, was da drüben vorging.

Der Hut lag in der Laube. Er nahm ihn und ging zu den Nachbarn. Das Grundstück der Nachbarn lag am Parkplatz. Eigentlich hätten um diese Zeit drei Autos dort stehen müssen. Es gab drei Schreber, die während der Woche nach der Arbeit hierher kamen, die anderen kamen nur am Wochenende. Es waren aber sechs Autos da.

Die Freunde saßen um den Kaffeetisch. Beim Anblick der beiden anderen Frauen fiel ihm wieder ein, daß er seine Frau nicht dabei hatte. Er setzte sich.

Sie ist weg, sagte er.

Die Männer unterbrachen ihr Gespräch. Die Frauen, die aufgestanden waren, um ihm Kaffee einzuschenken und Kuchen auf den Teller zu legen, unterbrachen ihre Tätigkeit. Die Erdbeertorte schwebte zehn Zentimeter über seinem Teller auf einem mächtigen Tortenheber in der Luft, und die Thermoskanne hielt direkt daneben. Wie dies alte Kinderspiel, dachte er. Wie hieß das noch? Stop – es hieß stop. Wenn einer stop sagte, mußte man mit dem innehalten, was man gerade tat. Er begann darüber nachzudenken, ob es einen Zeitpunkt gegeben hatte, an dem er und seine Frau hätten innehalten sollen.

Dann wunderte er sich über seine Gedanken – womit denn? Womit hätten sie innehalten sollen? Und er sagte laut: Krieg ich den Kuchen nun oder nicht?!

Sie begannen, ihn auszufragen, während er mehrere Kuchenstücke aß, schließlich hatte er kein Mittagessen gehabt. Hatten sie sich gestritten? Wann war sie losgegangen, und wo wollte sie hin? Er versicherte immer wieder, daß alles so gewesen war wie sonst. Eine der Frauen schlug vor, zur Polizei zu gehen, aber die anderen waren dagegen. Die Männer meinten, es sei zu früh. Zum Skatspielen hatte trotzdem niemand Lust. Sie sprachen über die fremden Wagen auf dem Parkplatz. Dem Alten fiel ein, daß der Kahn verschwunden war. Als er davon sprach, lachten die anderen.

Mit dem Kahn ist sie weg, Mann, wieso hast du das nicht gleich gesagt!

Sie hatten inzwischen ein paar Schnäpse getrunken, auch die Frauen, und die Stimmung hatte sich wieder gebessert. Sie beschlossen, doch noch einen

Skat zu kloppen. Die Frauen gingen in die Küche, um das Abendessen vorzubereiten. Bis acht wollten sie noch warten. Dann würden sie die Polizei anrufen.

Bella hatte eine Stunde in der Laube gesessen. Dann war ihr klar geworden, daß die alte Frau nicht kommen würde. Es mußte irgend etwas geschehen sein. Sie hätte die Frau davon abhalten sollen, zu den Dealern zu gehen.

Ach was, dachte sie. Die hätte sich sowieso nicht abhalten lassen. Außerdem soll man alte Leute ernst nehmen. Sie dachte an ihre Mutter. Eigentlich hätte sie jetzt bei ihr am Kaffeetisch sitzen sollen. Sie verließ den Garten. Gegenüber saß noch immer der alte Mann und schlief, sein Hut war auf den Boden gefallen, die Zeitung war ihm aus der Hand gerutscht und hing halb unter dem Tisch.

Beyer hatte ihr nicht gesagt, wo er sein Hauptquartier aufschlagen würde, aber sie glaubte nicht, daß es schwierig sein würde, ihn zu finden.

Diesmal hatten sie es besonders schlau angestellt – sie saßen im Hinterzimmer einer Schlachterei. Bella hätte sie nicht gefunden, wenn nicht zweimal ehemalige Kollegen den Laden betreten hätten, während sie vor dem Schaufenster stand und überlegte, ob sie es sich leisten konnte, zwei schwarze Kringel Grützwurst mit Rosinen zu kaufen. Nicht wegen des Preises, sondern weil sie nicht wußte, wann sie nach Hause kommen würde und weil sie keine Lust hatte, die Kringel den ganzen Abend in der Jackentasche mit sich herumzutragen, verzichtete sie darauf. Schweren Herzens – bis ihr einfiel, daß morgen das neue Mädchen für alles zum ersten Mal kommen würde.

Diesmal wirklich ein Mädchen, dachte sie vergnügt. Sie hatte, wegen der wortreichen Berichte in den Zeitungen über die schlechte soziale Lage der Studenten, bei deren Stellenvermittlungsdienst angerufen. Dort hatte man ihr eine Jurastudentin angekündigt. Zuerst war sie nicht sehr begeistert gewesen. Ihre Erfahrungen mit Juristen waren eher negativ. Sie hatte keine Lust, zu Hause ständig eine kleine, graue, fleißige Jurastudentin um sich zu haben. Aber da sie dringend Hilfe brauchte, hatte sie zugestimmt. Dann hatte sich das Mädchen bei ihr vorgestellt – Wilhelmina – und hatte keinen grauen Eindruck hinterlassen, sondern eher – sie dachte einen Augenblick nach – eher wie eine Art Kanonenkugel auf sie gewirkt, rund und eisern und schwer, aber kraftvoll und gefährlich schnell, wenn sie einmal in Bewegung gesetzt wurde. Sie würde die Kanonenkugel morgen als erstes nach Grützwurst schicken.

Bella betrat den Schlachterladen trotzdem. Sie setzte ihr Polizistengesicht auf – es ging ganz einfach – und der Schlachter zeigte ihr den Weg, ohne daß sie etwas zu sagen brauchte.

Das Zimmer, in dem Beyers Kommandostab saß, war hinter ein paar Schweinehälften versteckt. Bella, die den Geruch von totem Fleisch nur schwer ertragen konnte, schloß schnell die Tür hinter sich. Vor sich hatte sie das übliche Bild: Karten an den Wänden, all der technische Kram, mit dem überwacht, ermittelt, kommuniziert, registriert und spioniert wurde und der unter anderem mit sich brachte, daß die Männer sich wichtiger vorkamen, als sie tatsächlich waren. Jedenfalls wenn man ihre Wichtigkeit an den Erfolgen maß, die sie erzielten.

Beyer sah sie hereinkommen, machte ein ärgerliches Gesicht, das verschwand, als Bella ihn anstrahlte, und wies sie mit einer Handbewegung zum Fenster. Sie stellte sich brav an die Seite, wartete und beobachtete. Offenbar waren Beyers Leute noch nicht fündig geworden. Aufgrund des Hinweises eines alten Mannes hatten sie auf der Bille einen verschwundenen Kahn gesucht und auch – leer – gefunden. Auf einer überdimensionalen Karte waren sowohl Liegeplatz als auch Fundort markiert worden.

So ist er also abgehauen, dachte sie und wartete.

Als Beyer endlich Zeit hatte und ihr gegenüberstand, sah sie, daß er nervös war. Offensichtlich befürchtete er schon jetzt einen Mißerfolg der Aktion. Entsprechend schlecht war seine Stimmung. Sie beschloß, besonders freundlich zu sein. Aber erst, als sie im Hof auf einer Steintreppe saßen – Bella hatte es abgelehnt, vor der Tür zwischen den Schweinehälften stehen zu bleiben –, wurde er zugänglicher.

Nichts, sagte er, absolut nichts. Und ich war sicher, daß das Ding am Tage steigt. Wir haben jede Ladung kontrolliert, die hier durchgegangen ist.

Nichts. Und jetzt auch noch du. Was willst du eigentlich?

Ich brauch deine Hilfe, sagte Bella, und als sie merkte, daß er zögerte: Eine Hand wäscht die andere.

Wenn du Beweismittel zurückhälts –

Hör auf, sagte sie. Meine Klientin ist verschwunden. Sie wohnt hier in der Gegend. Laß deine Leute sich ein bißchen nach ihr umsehen. Es könnte auch sein, daß sie verhaftet worden ist und irgendwo in einer Zelle schmort, wo die lieben Kollegen sie vergessen haben. Wenn ihr sie findet, sag mir Bescheid, ja?

Geht in Ordnung, sagte Beyer, und?

Bella zögerte. Dann sagte sie: Der Kahn – in dem Garten hinter dem Steg, an dem der Kahn festgemacht war, steht ein Schuppen. In dem Schuppen liegt eine junge Frau. Sie ist tot. Euer Killer –

Nein, sagte Beyer. Willst du damit sagen, daß vor unseren Augen, praktisch unter unserem Schutz, dieser Mann tatsächlich –

Ach, mein Lieber, sagte Bella, möchtest du wirklich, daß ich dir erzähle, was unter euren Augen und unter eurem Schutz noch so alles passiert?

Nein, sagte Beyer frostig und machte Anstalten aufzustehen.

Bleib noch einen Moment sitzen, sagte sie schnell. Die Frau ist tot. Der Killer ist mit dem Kahn abgehauen. Daß er nicht mehr drin ist, habt ihr ja selbst festgestellt. Der alte Mann, dem der Kahn gehört, weiß nicht, was in seinem Schuppen passiert ist. Euch ist doch nicht damit gedient, jetzt hier die Mordkommission durch die Gegend rasen zu lassen. Warte noch – wenigstens bis ihr die alte Frau gefunden habt. Ich möchte zuerst mit ihr sprechen.

Beyer stand endgültig auf. Bella sah an seinem Gesicht, daß die Vorstellung von der herumrasenden Mordkommission ihre Wirkung nicht verfehlt hatte.

Wo erreiche ich dich, fragte er, während sie zurückgingen. Er war vor den Schweinehälften stehen geblieben. Offenbar wollte er es vermeiden, sie mit ins Allerheiligste zu nehmen.

Ich bin hier in der Gegend, sagte sie. Spätestens ab acht Uhr bei Eddie.

Deine Bekannten steigern ihr Niveau, sagte er, vom Taxifahrer zum Fernfahrer a. D. Wie ist er denn so?

Im Bett? fragte Bella, aber Beyer hatte bereits die Tür mit einem Knall hinter sich geschlossen.

Er ist heute etwas nervös, Ihr junger Freund, sagte ein Kollege von Beyer, der aus derselben Tür kam, die Beyer eben zugeschlagen hatte.

Bella erinnerte sich an ihn. Er war Psychologe oder so etwas – lang, dünn, schweigsam, dunkle Haare, in ihrem Alter. Sie hatte wenig mit ihm zu tun gehabt, damals.

Kann man diese Einrichtung hier auch telefonisch erreichen, fragte Bella.

Der Mann riß einen Zettel aus seinem Notizbuch und schrieb ihr bereitwillig eine Nummer auf. Für einen Polizisten hatte er erstaunlich gute Umgangsformen. Sie gingen zusammen in den

Schlachterladen. Während der Mann Bella die Tür aufhielt, sagte er:

Es ist seine erste größere Sache, und im Augenblick sieht es so aus, als wär's ein Reinfall.

Viel Spaß noch, antwortete Bella.

Der Mann nickte ihr zu und ging an den Tresen. Als Bella durch die Ladenscheibe zurückblickte, sah sie ihn mit einer Platte belegter Brötchen wieder nach hinten verschwinden.

Der Schlachterladen war klimatisiert, und die Hitze auf der Straße wirkte auf Bella wie heißer Brei, in den einzutauchen sie gezwungen war. Den ganzen Tag hatten die Steine die Sonne aufgenommen. Jetzt strahlten sie so viel Wärme ab, daß die Sohlen der Schuhe warm wurden. Der LKW-Verkehr hatte merklich nachgelassen. Die ersten Freier kurvten durch die Straßen. Ein Teil der Ware hatte bereits ihren Platz eingenommen. Bella beobachtete eine Schwangere, die mit torkelnden Schritten ein paar Eisenstufen hinunterging. Sie kam aus einem Spielsalon. Ohne Bella zu bemerken, die ihr behilflich sein wollte, torkelte sie an ihr vorüber. Bella ging die Stufen hinauf und setzte sich an ein Fenster. Von hier aus hatte sie einen freien Blick. Sie hoffte immer noch, die alte Frau käme auf dem Nachhauseweg die Straße herauf. Die Bedienung, eine ältere Blondine, der die Haare feucht ins Gesicht hingen und die einen erschöpften Eindruck machte, brachte ihr ein warmes Bier.

Kaltes ist alle, sagte sie gleichgültig.

Bella beschloß, hier sitzen zu bleiben, bis es Zeit war, bei Eddie vorbeizugehen. Unten auf der

Straße stieg die Schwangere in ein Auto ein. Es war ein silber-weißer, großer Ford, der in die tiefstehende Sonne fuhr wie ein Traumschiff in den Sonnenuntergang.

Die Frau saß stumm neben ihm. Meistens fragten sie ihn irgend etwas, begeistert von den Lederpolstern oder irgendeinem anderen Schnickschnack. Diese nicht. Sie machte keinen intelligenten Eindruck. Der Sicherheitsgurt teilte ihren Körper in drei Teile. Der in der Mitte hervorquellende Bauch regte ihn so auf, daß er beschloß, diesmal nicht so weit zu fahren. Als er einen Platz gefunden hatte und ihren Sitz nach hinten kippen ließ, sah er Wasser an ihren Beinen herunterlaufen. Zuerst dachte er, daß sie dabei war, sich in die Hosen zu machen. Dann begriff er, was wirklich los war.

Du Sau, sagte er leise, du elende Sau. Willst dir meinen Wagen aussuchen, um dein Balg in die Welt zu setzen.

Die Frau hatte ihm das Gesicht zugewandt. Ihre Pupillen waren riesig. Sie begriff nicht, was los war.

Was ist, Süßer?

Sie war völlig zu.

Raus, mach, daß du raus kommst. Er hatte ihren Gurt gelöst, aber vergessen, den Sitz wieder hochzustellen. Die Frau hatte Schwierigkeiten, sich aufzurichten. Sie ließ sich wieder zurücksinken. Er streckte den Arm aus und öffnete die Tür auf ihrer Seite. Noch nie hatte er sich so geekelt.

Raus, schrie er.

Er stieß sie mit den Fäusten in die Seite. Sie versuchte wieder, sich aufzusetzen. Er wollte, daß sie verschwand, sofort. Er zog das rechte Bein an und stieß sie mit aller Gewalt aus dem Wagen. Sie landete auf dem Kiesweg, quiekte einmal und blieb liegen. Er setzte den Wagen zurück. Im Fahren beugte er sich zur Seite, um die offene Tür zu schließen. Auf dem Ledersitz und am Boden hatten sich Pfützen gebildet.

Die Frau blieb liegen. Dann spürte sie plötzlich einen starken Schmerz im Kreuz. Der Schmerz war so stark, daß er ihr benebeltes Bewußtsein erreichte. Mühsam stand sie auf und ging los. Sie kam bis zum Eingang des Bahnhofs. Die Bahnhofstreppe schaffte sie nicht mehr. Sie blieb einfach liegen und brüllte. Sie schrie Fred und Scheiße, immer abwechseld, und die beiden Zugschaffner, die gerade abgelöst worden waren, die Treppe herunter kamen und bei ihr stehen blieben, bis der Krankenwagen gekommen war, sagten immer wieder hilflos: Na, na, junge Frau.

Sie bekam das Kind im Wagen, direkt vor dem Krankenhaus. Sie konnten sie nicht mehr ausladen. Das Kind war winzig – ein Mädchen. Es lebte noch zwei Stunden, nachdem es zur Mutter ins Zimmer gebracht worden war.

Bella hatte das Buch schon lange in die Jackentasche zurückgesteckt. Es gefiel ihr nicht. Sie beobachtete die Frauen auf der Straße. In der Hitze lief das Geschäft gut. Eine langbeinige junge Frau mit lustigen Zöpfen, winzigem Slip und zu engem T-Shirt, war schon ein paarmal in ein Auto eingestiegen und nach einer Viertelstunde wieder dagewesen.

Bellas Kopf war ein bißchen benebelt. Das warme Bier tat seine Wirkung. Die Disziplin ließ nach. Vorsichtig, wie zur Probe, tauchten Verse aus ihrem Gedächnis auf, die sie absichtlich lange nicht gelesen hatte. Sie wußte, daß sie nur nachzugeben brauchte.

Häuser bauen, Kriege führen,
Frauen nehmen, Kinder zeugen (Bergengrün)

Denn er ist der Herr und Mann,
der an ihnen sich verschwendet
und die Lust vergeben kann (Britting)

Eine Hexe wünscht ich mir,
vierzehn Jahre alt (Jünger)

Doch alles, was uns anrührt, dich und mich,
nimmt uns zusammen, wie ein Bogenstrich,
der aus zwei Seiten eine Stimme zieht. (Rilke)

Auf der Straße gingen ein junger Mann und eine junge Frau vorbei, eng umschlungen und sehr verliebt.

Darunter aber schreitet
Der Krieg, der Tod, die Pest.

Den letzten Vers hatte sie laut gesagt, während sie aufstand. Die Musikbox dröhnte. Niemand hatte sie gehört. Sie ging nach hinten zu der Blonden, die völlig fertig neben dem Küchenverschlag an einem Automaten lehnte und eine Zigarette rauchte.

Wollen Sie nicht bald Schluß machen, fragte Bella, während sie das Bier bezahlte. Sie sind doch schon lange hier.

Seit vier Stunden warte ich auf die Ablösung, sagte die Blonde. Sie hätt ja wenigstens mal anrufen können. Ich kann den Laden doch nicht einfach dichtmachen. Die würden mir was erzählen.

Ihr weißer Overall war unter den Achseln durchgeschwitzt. Der Stoff um den Gummizug in der Taille war feucht und faltig.

Rufen Sie doch einfach an, schlug Bella vor.

Die Blonde hatte sich aber schon in Bewegung gesetzt und hörte ihr nicht mehr zu. Bella sah ihr nach.

Vielleicht hättest du ihr noch vorschlagen können, daß sie sich gewerkschaftlich organisieren soll, Bella Block, dachte sie und wandte sich zum Gehen. In der Tür kam ihr ein Trupp junger Männer entgegen, und es bereitete ihr das allergrößte Vergnügen, keinen Schritt zur Seite zu gehen, um den Kerlchen Platz zu machen.

Ein richtiger Sommerabend ist so schön, dachte sie, daß er selbst die ödeste Gegend verändert.

Gestapelte Paletten verwandeln sich in hölzerne Strandwege, Amseln glucksen zwischen LKW-Anhängern, und gewöhnliche Spatzen versuchen sich als Nachtigallen. Die Gemüter der Menschen werden weich, Kindheitserinnerungen verbinden sich mit Asphalt oder Kopfsteinpflaster, die erste Liebe hockt in jedem Hausflur. Nach den Nachrichten im Fernsehprogramm öffnen die Frauen die Fenster, die den Tag über geschlossen waren, um den Lärm und den Gestank fernzuhalten. Nach dem Abwasch werden sie sorgfältig zusammengefaltete Decken oder dicke Kissen auf die Fensterbänke legen. Hier werden sie nach den Nachrichten ihren Beobachtungsposten einnehmen, die dicken Unterarme vor Druckstellen geschützt. Die eine oder andere Katze nimmt schon vorher ihren Platz auf der Fensterbank neben dem Blumentopf ein. Manchmal, niemand weiß woher, stürzen Mauersegler durch die Luft, und die Katzen werden wünschen, daß sie Habichte wären.

Bella, durch allzu häufige Lyrik-Lektüre in gewisser Weise in der Art, wie ein Sommerabend zu genießen war, festgelegt und durch die Ereignisse des Tages und drei Flaschen warmes Bier in eine dunkle Stimmung versetzt, kramte in ihrem Gedächnis nach Trakl-Versen.

Des Abends blaue Taube
Brachte nicht Versöhnung –

Nein, dachte sie, und es kostete sie eine kleine Kraftanstrengung, der aus den offenen Fenstern schlabbernden Aaabend-Stihille-ühüberall-Stimmung zu entgehen:

Es ist ein Hurenhaus, in das ein besoffener Dichter
fällt
Es ist ein grauer Eckstein, von Hunden verbrunst
Es ist ein Furz, dessen Duft unsere Nasen umweht
Welch ein Ereignis.
Am Thore des Hauses
Sammelt die alte Magd spärliche Trinkgelder
Die trotzigen Augen durchdringen gierig das
Dunkel des Flurs
Die stinkende Möse harrte des kräftigen
Schwanzes
Im Vorbeigehen
Fand der Wachmann den besoffenen Leichnam
Speiend im Rinnsal
Und durch das Gäßchen
Klangen grölende Stimmen.

Jetzt ging es ihr besser. Aus den geöffneten Fenstern dröhnte die Musik, mit der das erste Fernsehprogramm die Abendnachrichten einläutete.

In der Nähe von Eddies Lokal standen zwei unauffällige Gestalten, die Bella anzeigten, daß Beyer noch immer nicht aufgegeben hatte. Drinnen war es voll. Bella blieb an der Tür stehen und verschaffte sich einen Überblick. Die Tür zu dem Nebenraum, in dem das Klavier stand, war geschlossen. Alle Tische waren besetzt, das übliche

Publikum: Huren, Arbeiter, trübsinnige Ehepaare, das verliebte Pärchen, das sie vorhin schon auf der Straße gesehen hatte. An einem Tisch wurde gewürfelt. Ein Haufen Leute sah zu und kommentierte. Obwohl es noch hell war, brannten auf den Tischen und an den Wänden die Lampen. Die Lichtkegel wurden vom Zigarettenrauch markiert. Eddie stand untätig hinter der Theke und genoß den Umsatz.

Dem entgeht nichts, dachte Bella, während sie ihn beobachtete. Er hatte ein frisches weißes Unterhemd angezogen und hielt die Arme über der Brust verschränkt. Hin und wieder zeigte er mit einer kurzen Kopfbewegung in irgendeine Ecke. Dann schnappte der Kellner sich einen Zettel und drängte in die angegebene Richtung.

Mal sehen, wann er bereit ist, mich zur Kenntnis zu nehmen, dachte sie gerade, als er ihr zunickte. Bella drängte sich an die Theke und bestellte einen extra starken Kaffee. Eddie grinste und geruhte, den Kaffee selbst zuzubereiten. Bella bewunderte seine geschickten Handbewegungen, stellte sich seine Unterarme auf dem Lenker eines LKWs vor und fand, daß ihr das Bild gefiel. Sie erwischte sich dabei, daß sie überlegte, wie es wohl sein würde, wenn sie sich von Eddie anfassen ließe, verscheuchte den Gedanken wieder und nahm ihm das Tablett mit Kännchen und Tasse ab. Ihre Hände berührte sich, ohne daß sie etwas dazugetan hätte. Eddie blieb bei ihr stehen. Bella sah ihn fragend an. Er schüttelte den Kopf, was soviel hieß wie: noch niemand da. Bella trank ihren Kaffee und beobachtete dabei die Leute, die sie im Spiegel hinter der Theke erkennen konnte. Sie sah auch sich selbst. Ihr fiel ein, daß Eddie gesagt hatte, sie solle sich für seine Kneipe etwas weniger elegant anziehen. Aber weil sie schon den ganzen Tag in den selben Sachen herumlief, sah sie sich zerknittert und verbeult. Sie fand, daß sie außerordentlich gut in diese Umgebung paßte. Neben ihr standen zwei junge Frauen, die sich eine Pause gönnten und schnell ein Alsterwasser tranken. Sie hörte einen Augenblick der Unterhaltung zu.

Hier werden wir doch entmündigt, sagte die Frau direkt neben ihr. Jetzt verbieten sie auch noch die Peepshow. Aber Ben sagt, daß es drüben bald richtig losgeht. Wenn die erst unsere Freiheit haben.

Bella horchte auf bei dem Namen Ben.

Er rechnet jeden Tag damit, daß sie die Gesetze ändern. Ich pack dann jedenfalls für eine Weile meine Koffer. Hier verdienste doch nichts mehr.

Ich weiß nicht, sagte die andere. Ich müßte die Kleine mitnehmen. Und die ist letztes Jahr in die Schule gekommen.

Bin ich froh, daß ich kein Kind hab, antwortete die erste.

Beide starrten einen Augenblick wortlos in ihre Gläser. Bella sah, wie Eddie seine Haltung veränderte und blickte in den Spiegel. In der Tür hatte gerade eine blondgelockte, braungebrannte Bodybuilding-Null ihren Auftritt.

Ben, dachte sie. Auch die beiden Frauen hatten ihn gesehen.

Schreib's auf, Eddie, sagten sie und drängten zum Ausgang. In die Freiheit.

Bella beobachtete, wie Ben sich im Hintergrund einen Platz verschaffte. Eddie zeigte mit dem Kopf zu ihm hinüber. Der Kellner tat Eis in ein Glas, schüttete eine Menge Whisky darüber, gab ein wenig Cola dazu und zog ab. Ben hob das Glas und trank Eddie zu. Eddie nickte und lachte. Zwei von Beyers Leuten, nicht die, die draußen vor der Tür gestanden hatten, kamen herein. Sie waren absurd zurechtgemacht. Der Mann trug einen Schlapphut und ein weißes offenes Hemd mit großem Kragen. Die Frau hatte sich eine Art Umschlagtuch um die Schultern gewickelt, trug einen kurzen, viel zu engen Rock und hatte eine Handtasche unter den Arm geklemmt. Für hochhackige Schuhe hatte wohl der Etat nicht mehr gereicht – an ihren Füßen hingen jedenfalls Gesundheitslatschen. Bella mußte lachen. Eddie runzelte einen Augenblick die Stirn und lachte ebenfalls, wenn auch sehr zurückhaltend. Bella beobachtete die ehemaligen Kollegen und fühlte sich einen Augenblick beinahe auf der anderen Seite. Dann dachte sie an Beyer und seinen sorgfältig geplanten Einsatz. Vielleicht hätte er auch noch die Kostümierung überwachen sollen, dachte sie. Es gibt so wenige intelligente Polizisten, daß sie sich selbst am meisten behindern. Hoffentlich verziehen sie sich wenigstens unauffällig in eine Ecke.

Sie bestellte noch eine Tasse Kaffee.

Noch so ein Auftritt, und der Abend ist gelaufen, sagte Eddie leise, als er ihr die Tasse zuschob.

Dabei behielt er die Tür im Auge, und an seinem Gesichtsausdruck merkte sie, daß der, auf den sie wartete, gekommen war. Sie sah absichtlich nicht in den Spiegel. Sie sah sich auch nicht um, während sie sich von der Theke weg zur Seite drängte. Irgendwo mußte es hier ein Telefon geben. Wahrscheinlich im Gang vor den Klos.

Die Stimmung im Hinterzimmer der Schlachterei war auf dem Nullpunkt angekommen. Seit vierzehn Uhr, das hieß, seit beinahe sieben Stunden waren die Leute im Einsatz. Jeder Lagerhof war überwacht, jedes Grundstück untersucht worden. Ergebnis: nichts. Seine Leute hatten in beinahe jedes Auto gesehen, aber woran erkennt man einen Perversen? Und der Killer war nichts weiter als ein Phantom. Vor zwei Stunden hatte die Besatzung des Streifenwagens gewechselt. Die beiden, die jetzt Dienst hatten, kannten das Revier wie ihre Westentasche. Sie gaben dauernd irgendwelche Meldungen durch. An ihren fetten Stimmen hörte Beyer deutlich, daß sie sich über die ganze Aktion lustig machten. Ihm fiel der dicke Kerl ein, der während der Besprechung eingeschlafen war.

Prima Nutten, Chef, hörte er. Sollen wir sie filzen?

Nur mit Mühe hielt er sich zurück.

Sie steigen nur aus, wenn Sie den Befehl dazu bekommen, antwortete er so sachlich wie möglich. Und Sie melden sich nur, wenn Ihnen etwas Besonderes auffällt.

Er ging hinüber zu den Kollegen, die am Tisch unter dem Fenster saßen. Das übliche Gesprächsthema: Überstunden, zu wenig Leute, keine Motivation, Beförderungsstau – Recht und Ordnung, sagte Kranz gerade leise. Wen motiviert man denn mit Recht und Ordnung?

Kranz – der Psychologe. Er mußte es wissen. Eigentlich schätzte Beyer den ruhigen, älteren Kollegen. Aber jetzt ärgerte er sich. Er sagte nichts. Einen Augenblick schwiegen alle.

Leute motiviert man mit Geld, aber nicht mit Überstunden. Zählen wir doch mal zusammen, wer arbeitet weniger als sechzig Stunden in der Woche?

Die Fettsäcke da draußen bestimmt, sagte Beyer unbeherrscht.

Ich meine, von den qualifizierten Kollegen. Zweihundertfünfzig neue Stellen im gehobenen Dienst wären das mindeste, fuhr Kranz unbeirrt fort.

Beyer wandte sich ab. Der Mann hatte recht. Aber das war noch lange kein Grund –

Chef, ist es möglich, daß sie gewarnt worden sind?

Das war genau das, was er selbst schon die ganze Zeit gedacht hatte.

Ich weiß nicht, sagte er, ohne sich umzusehen. Aber ich werde es rauskriegen.

Alle schwiegen. Dann wurde Beyer am Telefon verlangt.

Wir haben die Frau gefunden, nach der Sie gefragt haben, Herr Beyer, sagte eine Frauenstimme.

Beyer mußte erst einen Augenblick nachdenken, bevor ihm einfiel, daß es um die alte Frau ging, die er für Bella suchen ließ.

Sie wurde heute vormittag festgenommen. Mit siebenundzwanzig Heroin-Briefchen in der Einkaufstasche. Seitdem sitzt sie im Präsidium und will nichts sagen. Wir schicken sie jetzt nach Hause.

Jetzt schon, dachte Beyer. Laut sagte er: Geben Sie mir die Mordkommission, aber schnell, bitte.

Die Glastür stand weit offen. Draußen mußte ein Park sein oder so etwas. Und eine Laterne. Das Licht der Laterne leuchtete in die Blätter des Baumes. Es war warm. Fred, dachte sie. Vor der Tür bewegten sich die Vorhänge. Sie hatten sie in ein anderes Zimmer gebracht. Gleich nachdem sie das Kind abgeholt hatten. An der Aufregung hatte sie gemerkt, daß das Kind tot war. Als der Arzt mit ihr hatte sprechen wollen, hatte sie sich schlafend gestellt. Dann mußte sie wirklich eingeschlafen sein. Die Frau an der Tür stöhnte und sprach im Schlaf. Sie versuchte zu verstehen, was sie sagte. Es hörte sich an wie: Ich will nicht, ich will nicht, aber es konnte auch etwas anderes sein. Ihre Sachen lagen noch am Fußende des Bettes. Sie mußten sie mit dem Bett rausgeschoben haben.

Die Tür ging auf. Eine Krankenschwester kam auf Gummisohlen ins Zimmer und an ihr Bett. Sie machte das Licht nicht an. Unter den fast geschlossenen Lidern hindurch sah sie eine Art Flügelhaube, nur von der Laterne draußen beleuchtet. Sie stellte sich schlafend. Die Schwester sah auf sie herunter und ging wieder. Bevor sie das Zimmer verließ, sprach sie ein paar Worte mit der Frau an der Tür. Sie sprach sehr leise, es war nicht zu verstehen, was sie sagte. Es hörte sich an, als ob die Frau heulte, aber als die Schwester das Zimmer verlassen hatte, war es ruhig.

Sie stützte die Arme auf und beugte sich zur Seite. Neben dem Bett stand ihre Tasche. Schuhe – wo waren die Schuhe? Sie beugte sich zur anderen Seite. Der Nachtschrank hatte unten ein offenes Fach. Da standen die Schuhe.

Sie hatte keine Schmerzen. Ob man ihr etwas eingegeben hatte? Vielleicht würde sie Schmerzen bekommen. Aber draußen gab es genug Mittel dagegen. Als sie von der Bettkante rutschte, knickten ihre Knie ein, aber nur einen kleinen Augenblick.

Die Frau an der Zimmertür bewegte sich im Schlaf. Eine Unterhose war nicht dabei. Das Zeug zwischen den Beinen ließ sie besser dran. Barfuß ging sie zum Bett der Frau hinüber. Auf einem Stuhl lag ein Haufen Zeug. Sie suchte darin herum, fand eine Unterhose und zog sie an. Zurück zum Bett. Einen Augenblick hinsetzten. Den Rock anziehen und den Pullover. Weshalb war das alles so anstrengend. Sie spürte Schweißperlen auf der Oberlippe. Noch ein bißchen sitzen bleiben. Um das Bett herumgehen. Die Tasche war auf der anderen Seite. Ob man ihr das Geld – sie wühlte in der Tasche. Im Seitenabteil, das Geld war da. Zweihundert Mark – seit heute morgen zweihundert Mark. Fred. Es war sein Geld. Sie würde es ihm bringen. Jetzt brauchten sie keine Wohnung. Er würde sie sich ein bißchen ausruhen lassen. Nicht zu lange. Sie sah die andere Frau über Freds Schulter blicken. Angst und Anstrengung ließen ihr Herz rasen. Ich bin in Ordnung, Fred, dachte sie. Nur ein paar Tage, dann bin ich wieder in Ordnung. Wenn man sich liebt, muß man Rücksicht nehmen. Nur ein paar Tage, Fred. Sie hielt die Schuhe in der Hand. Das Gras unter ihren Füßen war weich und warm. Der Park kam ihr sehr groß vor. In der Ferne hörte sie Straßengeräusche. An der Straße würde sie ein Taxi nehmen. Langsam und schwankend ging sie auf die Geräusche zu.

Was heute abend hier los ist. Du solltest ans Fenster kommen.

Du kannst es mir ja beschreiben. Dieses Aus-dem-Fenster-Gehänge war nichts für ihn. Hatte man schon mal Männer jeden Abend aus dem Fenster hängen sehen?

Ich weiß, wo ich wohne, rief er zurück. Er probierte die Fernsehprogramme aus. Sie hatte gesagt, es gäbe einen Krimi spätabends. Er hatte nicht verstanden, auf welchem Programm, und er wollte sie nicht fragen. Immer mußte sie sich über seine Schwerhörigkeit lustig machen. Als ob er schon mal was über ihren Arsch gesagt hätte, der immer dicker wurde. Er sah zum Fenster hinüber, von wo das mächtige Hinterteil seiner Frau ins Wohnzimmer ragte.

Neue Nutten, rief er, um überhaupt irgend etwas von sich hören zu lassen.

Will ich nicht sagen. Seine Frau kicherte. Sind 'ne Menge Autos unterwegs heute. Dicke Schlitten. Das Geschäft läuft nicht schlecht.

Kann ich mir denken, antwortete er. Das mußte der Film sein. Er legte die Fernbedienung auf den Couchtisch und griff nach der Bierflasche.

Mach doch nicht so laut. Bist du denn schwerhörig? Jetzt ist der Streifenwagen schon zum drittenmal hier vorbeigekommen. Seit es gebrannt hat, werden sie wohl aktiv.

Was? Im Film war gerade ein Wahnsinnsweib aufgetaucht. Hoffentlich fing die nicht an zu singen. Sah sehr danach aus. Wenn die schon halbnackt in einer Bar auftauchen, wird meistens gesungen.

Ich sagte – jetzt. Bei Eddie muß irgendwas Besonderes los sein. Wer da alles rein und raus rennt.

Tatsächlich, sie sang. Und das sollte ein Krimi sein.

Du tust ja gerade so, als ob du die Leute kennst, die bei Eddie verkehren, rief er.

Und ob ich die kenne, murmelte die Frau auf der Fensterbank. Gib mir auch ein Bier, sagte sie laut.

Gleich, es wird gerade spannend.

Der Held, ein älterer Mann im Abendanzug, war bis in das Büro des Barbesitzers vorgedrungen. Prima Einrichtung. Der verstand jedenfalls zu leben. Jetzt bot er dem Mann im Abendanzug eine Zigarre an. Aber mit der anderen Hand hatte er auf einen Knopf unter der Schreibtischplatte gedrückt. Gleich mußte sein Schläger auftauchen.

Ich glaube, die Polizei ist bei Eddie, sagte die Frau im Fenster fröhlich. Ich hatte schon den ganzen Tag so 'n Gefühl.

Deine Gefühle. Willst du das Bier noch?

Der Film wurde durch Werbung unterbrochen. Der Mann stand auf und ging in die Küche. Die Straßenlaternen waren so hell, daß er kein Licht anmachen mußte. Mit den Bierflaschen kam er zurück und stellte sich einen Augenblick neben seine Frau ans Fenster.

Ich seh nichts Besonderes, sagte er. Hier ist dein Bier.

Er stellte die geöffnete Flasche zwischen zwei Blumentöpfe und setzte sich wieder vor den Fernseher. Solange die Werbung lief, konnte er ja noch einmal probieren, was auf den anderen Kanälen los war.

Hier laufen den ganzen Tag schon so komische Männer rum, sagte sie und nahm einen Schluck aus der Flasche. Nein, nun sieh dir bloß dieses Weibsbild an. Kürzer ging der Rock wohl nicht mehr. Aber euch gefällt sowas ja.

Bei dir nicht, sagte der Mann. Vorsichtshalber sprach er nur halblaut.

Der Film ging weiter. Die Schöne war mit ihrem Abendkleid in den Regen geraten. Es sah aus, als hätte sie gar nichts mehr an. Aber er, ganz Kavalier, hängte ihr seine Jacke über. Der Mann seufzte und trank einen Schluck Bier.

Im Augenblick ist es ruhig, sagte seine Frau, als der Schuß fiel.

Bella war schon in der Leitung gewesen, als Beyer die Mordkommission verlangt hatte. Er hatte behauptet, von einem Informanten einen Tip bekommen zu haben, und die Kollegen gebeten, sich möglichst unauffällig zum Tatort zu begeben. Dann nahm er das Gespräch von Bella an.

Deine Alte ist aufgetaucht, sagte er, ohne abzuwarten, was Bella zu sagen hatte. Er war froh, die Sache erledigt zu haben. Sie wurde heute vormittag festgenommen. Anscheinend hat sie sich im Rauschgiftgeschäft betätigt. Sie bringen sie jetzt nach Hause.

Danke, sagte Bella schnell. Ich bin hier bei Eddie. Der Typ, der ihre Enkelin erledigt hat, ist gerade gekommen. Sie sah vorsichtig um die Ecke. Noch ist er hier. Mit einem Zuhälter. Wenn ihr euch beeilt, kriegt ihr sie vielleicht.

Beschreibung?

Typischer Zuhälter, blond, braun, dämlich, der andere ist klein, dünn, sieht aus wie ein Totenkopfäffchen.

Danke, sagte Beyer.

Bevor Bella versprochen ist versprochen sagen konnte, hatte er aufgelegt. Sie ging zurück an den Tresen. Eddie machte seine Gästebegrüßungstour. Der Laden war noch voller geworden.

Siebzehnter Juni, dachte sie, morgen ist Feiertag.

Sie sah Eddie zu, der sich bis zu Ben an den Tisch vorgearbeitet hatte. Wollte er ihn warnen? Das Totenkopfäffchen war an die Wand gelehnt stehen geblieben und beobachtete Eddie und Ben. Der Mann mit dem Schlapphut hatte mit seiner Begleiterin in der Nähe der Tür Posten bezogen. Dann stellte Bella fest, daß das Publikum sich verändert hatte. Die Stammgäste waren noch da. Aber dazwischen waren jetzt eine Menge gut betuchter Herren und Damen, die ihrem soliden Leben einen kleinen Kick zu geben beabsichtigten. Trotz des Lärms hörte Bella eine Dame neben sich sagen:

Ich liebe diese Atmosphäre einfach. Sieh dir bloß mal den mit dem Schlapphut an.

Bella wandte sich der Dame zu und fragte:

Waren Sie schon mal im Zoo in letzter Zeit, gnädige Frau? Da soll es noch interessanter sein.

Sie bekam keine Antwort, nur böse Blicke, die sie nicht wahrnahm, denn die Tür war aufgegangen, und zwei uniformierte Polizisten, die so aussahen, daß einem bei ihrem Anblick beim besten Willen nichts anderes als das Wort Bullen einfiel, versuchten, auf die Theke loszusteuern. Bella warf einen unverfänglichen Blick auf den Mann an der Wand. Der hatte die Lage richtig eingeschätzt: Die wollen nur was trinken, und war stehen geblieben, wo er stand.

Und dann raste auf der Straße mit lautem Sirenengeheul ein Polizeifahrzeug vorbei, und es ging alles sehr schnell. Der Totenkopfmann tauchte im Gewühl einfach unter. An der Tür rief der mit dem Schlapphut:

Alles drin bleiben, keiner verläßt das Lokal.

Seine Kollegin rief: Ruhe bitte, beruhigen Sie sich, es ist nichts.

Eddie stand, die Arme über der Brust gekreuzt, an einer Säule, blickte über das Gedränge zu Bella hin und schüttelte den Kopf.

Bella dachte, ist Beyer jetzt verrückt geworden? Was kommt er hier mit Sirenengeheul an?

Ben begriff nichts. Er hatte den Hintern vom Sitz gehoben und stand vorgebeugt da. Fluchtinstinkt und Dummheit fochten einen Kampf in ihm aus, was ihn am Wegrennen hinderte. Die Tür wurde aufgerissen. Bella sah Beyer kurz auftauchen und wieder verschwinden. Dann knallte es vor der Tür – ein Schuß, na klar, wenn sie bloß schießen können, dachte Bella, und das Geschrei und Gedränge wurde noch größer. Aus den Augenwinkeln sah Bella Ben zusammensacken. Sie schaffte es, sich bis vor die Tür durchzuboxen.

Es war sehr still draußen. Beyer lag am Boden. Bella sah, daß er tot war. Um ihn herum standen ein paar seiner Leute. Der Psychologe kam auf Bella zu, nahm sie am Arm und setzte sich mit ihr auf eine der Tonnen, die in der Gegend herumstanden. Bella schüttelte den Arm ab, war aber froh, daß der Mann neben ihr saß.

Des Abends blaue Taube
brachte nicht Versöhnung

sagte sie. Sie hätte gern geheult, aber es ging nicht.

Ich würde Sie nach Hause bringen, sagte der Psychologe.

Sie schüttelte den Kopf.

Holen Sie mir einen doppelten Wodka, sagte sie. Ich hab noch zu tun. Wenn Sie wollen, können Sie mitkommen.

Ein Streifenwagen hatte die alte Frau vor dem Eingangstor zum Schrebergartengelände abgesetzt.

Schaffen Sie es allein, fragte die Polizistin.

Die Frau antwortete nicht. Sie nahm den Korb, den die Polizistin ihr aus dem Wagen reichte, und ging. Es war schon nach elf. Sie fühlte sich müde. Die Knie taten ihr weh. Vor einer Stunde hatte man zuletzt versucht, ihren Mann zu erreichen. Er war nicht ans Telefon gegangen. Sie blieb an der Gartenpforte stehen. Das Haus war dunkel. Auch im Schuppen war es dunkel. Sie überlegte einen Augenblick, ob sie zuerst in den Schuppen gehen sollte. Sie wußte, daß sie dort nicht willkommen sein würde. Sie hatten ihr das Zeug abgenommen. Sie würde noch einmal losgehen müssen. Aber nicht jetzt. Vielleicht konnte sie die Detektivin bitten, ihr zu helfen. Solche Leute kannten sich aus. Eigentlich hatte sie um die Enkelin keine Angst gehabt. Diese Frau Block hatte einen zuverlässigen Eindruck gemacht.

Ihre Angst hatte ihr selbst gegolten. Sie hatte sich eingebildet, daß man sie in der Zelle vergessen habe. Es war so, als ob das Gewicht des riesigen

Hauses, in dem sie saß, sich auf ihre Zelle konzentriert hätte. Das Haus hatte sie erdrücken wollen. Sie war unfähig gewesen zu schreien oder aufzustehen und an die Tür zu klopfen. Ohne sich zu rühren, hatte sie in der Zelle gesessen, bis man sie rausgelassen hatte. In ihrer Gegenwart und ohne daß sie noch einmal darum gebeten hatte, hatten die Polizisten bei ihrem Mann angerufen und behauptet, sie hätten es schon öfter versucht. Sie hatte alles nur wie im Traum wahrgenommen. Erst jetzt, vor der Gartentür, ging es ihr wieder besser, auch wenn die Knie wehtaten vom Sitzen.

Nein, dachte sie, Petra kann warten. Ich will erst sehen, wo er abgeblieben ist.

Es gab ja die Möglichkeit, daß er bei den Freunden gewartet hatte. Sie ging weiter, müde, aber froh, wieder zu Hause zu sein. Als sie Licht auf dem Grundstück der Freunde sah, war sie erleichtert. Sie erreichte den Zaun. Da saßen sie einträchtig versammelt, drei alte Männer und zwei Frauen. Sie blieb einen Augenblick stehen, bevor sie das Gartentor öffnete, und sah zu der Gruppe hinüber. Sie mußten viel getrunken haben. Auf der Erde standen eine Menge Flaschen.

Eine schöne Lampe haben sie, dachte sie. Die Lampe hing tief und warf einen kreisrunden Lichtkegel auf den Gartentisch.

Immer, wenn sie Karten spielen, wird viel getrunken. Na gut, dann schläft er bald.

Sie öffnete das Gartentor, und alle wandten gleichzeitig die Köpfe zu ihr hin. Sie war plötzlich ein bißchen stolz auf das, was sie erlebt hatte.

Aber rechtzeitig fiel ihr ein, daß sie nichts darüber erzählen konnte, um die Sache mit Petra nicht auffliegen zu lassen.

Ich muß mir was ausdenken, dachte sie bei sich, aber je näher sie dem Tisch kam, desto deutlicher sah sie, daß das jetzt kaum nötig sein würde. Sie waren alle blau.

Hallo, sagte sie, so fröhlich sie konnte. Da bin ich wieder. Komm jetzt, Papa.

Bissu ja endlich –

Er stand brav auf, und die anderen waren erleichtert, nicht mehr mit ihm warten zu müssen.

Sie nahm den Mann beim Arm, kündigte der Nachbarin für morgen eine ausfürliche Erzählung an und ging langsam mit ihm zurück. Drüben im Tierheim begannen die Hunde wie rasend zu bellen.

Er war sehr unsicher auf den Beinen. Es fiel ihr nicht leicht, ihn zu stützen. Sie kamen nur langsam vorwärts und waren bestimmt noch zwanzig Meter von der Hecke entfernt, als die Männer den Weg heruntergelaufen kamen. Sie hatten stark leuchtende Taschenlampen in den Händen und rannten in ihren Garten, nachdem sie die Nummer an der Gartentür beleuchtet hatten.

Petra, dachte sie. Plötzlich kam es ihr so vor, als habe die Angst doch Petra gegolten, aber das war jetzt egal. Sie konnte die Männer doch nicht mehr aufhalten. Langsam ging sie weiter. Es kamen noch mehr Männer. Auch welche mit einer Bahre. Sie stolperte mit dem Betrunkenen in die Gartenlaube und ließ ihn auf einen Korbsessel rutschen.

Könn wir nicht schlafen gehn, Mamma, nuschelte er.

Sie beachtete ihn nicht. Er legte den Kopf auf die Tischplatte und schlief sofort ein. Sie sah, daß im Schuppen das Licht angemacht worden war. Petra – wenn sie aus dem Schuppen gelaufen kam, sollte sie zu ihr in die Laube kommen. Sie stand neben dem schnarchenden Mann im Korbsessel, starrte auf den Weg zum Schuppen und auf das erleuchtete Rechteck der Türöffnung. Ein Mann trat aus dem Rechteck und kam den Gartenweg hoch. Es sah aus, als wollte er an der Haustür klingeln, aber dann richtete jemand seine Taschenlampe in die Laube, der Mann sah sie und kam auf sie zu.

Guten Abend, sagte er. Ist das Ihr Haus?

Und als sie nicht antwortete: Da unten im Schuppen liegt eine tote Frau – sagen Sie mir, ist das hier Ihr Haus?

Als der Krankenwagen an ihnen vorüberfuhr, begriff Bella, daß sie zu spät kommen würde. Sie ging trotzdem weiter. Sie klammerte sich an die Vorstellung, daß sie der alten Frau sagen mußte, wie sie versucht hatte, ihre Enkelin zu schützen. Und daß sie den Mörder gesehen hatte und ihn finden würde. Als sie in den inzwischen hell erleuchteten Garten kam – Kranz noch immer an ihrer Seite – und die alte Frau in dem braun-weißen Kleid völlig erschöpft und mit dem betrunkenen Mann neben sich, in der Laube stehen sah, wurde ihr klar, daß sie ihr schlechtes Gewissen unmöglich auf

Kosten der Frau beruhigen konnte. Sie starrte einen Augenblick in die Laube und auf den zertrampelten Garten im Scheinwerferlicht. Dann wandte sie sich zum Gehen.

Ich bleibe, sagte Kranz.

Sie nickte ihm zu. Im Weggehen sah sie, wie er hinüber zur Laube ging.

Es war nach eins, als sie zurück zu Eddies Laden kam. Sie biß die Zähne zusammen und bemühte sich, nicht auf die mit Kreide markierte Figur vor der Tür zu treten.

Als sie das Lokal betrat, dachte sie, Eddie hätte schon Schluß gemacht. In der Ecke neben der Tür schlief ein Betrunkener. Neben ihm auf der Bank lag eine Frau, die eine gewisse Ähnlichkeit mit der Schwangeren hatte, die in den silber-weißen Wagen eingestiegen war. Hinter dem Tresen stand der Kellner. Sonst war niemand zu sehen. Sie sah sich um. Der Kellner wies mit dem Kopf auf die Tür zum Hinterzimmer.

Egal, dachte Bella, bloß jetzt nicht allein sein.

Sie ging in die angegebene Richtung. Vor dem Zimmer blieb sie stehen und lauschte. Dann ging sie zurück zum Kellner und ließ sich ein großes Glas Wodka geben. Hinter ihr ging die Tür auf. Ein eleganter Herr und eine Dame mit ihrem Sohn kamen herein. Der Sohn machte ein neugieriges Gesicht.

Wir haben geschlossen, rief der Kellner halblaut. Es ist nach eins.

Bella sah im Spiegel, daß die Leute einen Augenblick unschlüssig in der Tür stehen blieben.

Schade, sagte die Frau, gerade, wo wir heute Geburtstag feiern. Dann wandten sie sich zum Gehen.

Früher, sagte der Kellner gleichmütig, während er Bella das Glas über den Tresen schob, früher bekam der Sohn das Dienstmädchen zum Geburtstag geschenkt. Heute gehen Mami und Papi mit ihm auf den Kiez.

Er machte eine kleine Pause.

Gehen Sie ruhig rein, sagte er dann. Eddie singt. Wenn die ganzen Spinner weg sind, singt er manchmal. Nur für die Stammgäste.

Bella ging ins Hinterzimmer und schloß leise die Tür hinter sich.

Bei Eddie nahm die Polizei drei Leute fest, drei Türken, die sich zufällig im Lokal aufgehalten hatten. Außerdem filzte sie das Publikum. Sie fand zwei Koksbriefchen, die am übernächsten Tag als Fahndungserfolg verkauft wurden.

Beyers Tod stellte sich als ein Unglücksfall heraus. Er war mit entsicherter Waffe losgelaufen, aufgebracht über das Sirenengeheul der Mordkommission. Irgend jemand hatte ihm im Gewühl vor der Tür ein Bein gestellt. Er war die Stufen hinuntergefallen. Dabei hatte sich ein Schuß gelöst, der ihn direkt ins Herz traf.

Sein sinnloser Tod konnte nicht geheimgehalten werden. In der folgenden Woche gab ein Sprecher des Innensenators bekannt, es habe sich herausgestellt, daß die verwendete Dienstpistole unter bestimmten Umständen unsicher sei. Bei einem Fall auf harten Untergrund, insbesondere bei einem Auftreffwinkel der Waffe auf den Boden von fünfundvierzig oder neunzig Grad könne sich ein Schuß lösen. Die Polizisten seien angewiesen worden, die Waffe nicht mehr durchgeladen zu tragen.

Beyer wurde ein Begräbnis nach Dienstrang zuteil.

Bella ging nicht hin.

Der Totenkopfmann blieb verschwunden.